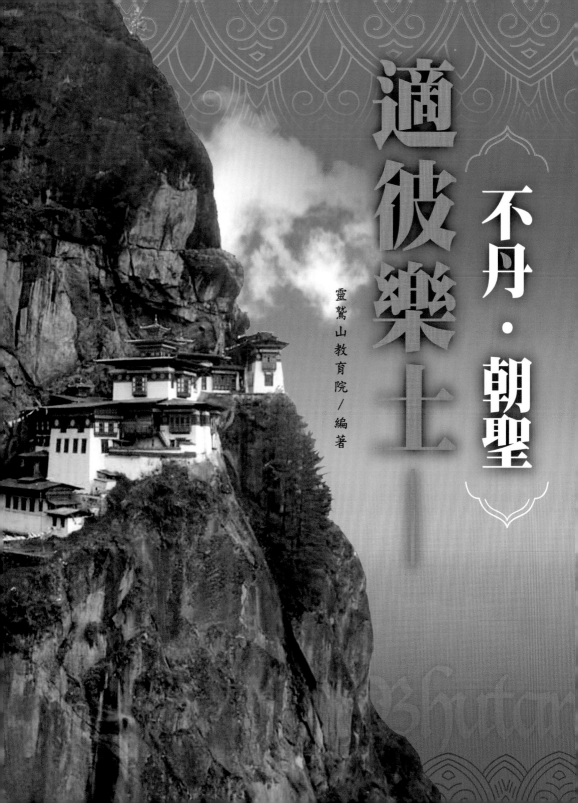

適彼樂土

不丹・朝聖

靈鷲山教育院／編著

中華人民共和國（西藏自治區）

Gasa

普那卡
Punakha

巴羅
Paro

廷布
Thimphu

Wangdue
Phodrang

Haa

Samtse

Chukha

Dagana

Tsirang

Sarpan

不丹尋道足跡

阿富汗
中華人民共和國
（西藏自治區）

巴基斯坦
尼泊爾
不丹

孟加拉

印度

緬甸

阿拉伯海

孟加拉灣

斯里蘭卡

本塘
Bumthang

Lhuntse

Trashiyangtse

ongsa

Mongar

Trashigang

Zhemgang

Pemagatshel

Samdrup Jongkhar

印度

དཔལ་ལྡན་འབྲུག་གཞུང་ བསྟན་རྒྱས་ལྷན་ཁག

MINISTRY OF ECONOMIC AFFAIRS
ROYAL GOVERNMENT OF BHUTAN
Tashichho Dzong
THIMPHU

བསྟན་རྒྱས་བློན་པོ།
MINISTER

17th October 2013

Venerable Master Hsin-Tao,
Founder/Chief Abbot,
Ling Jiou Mountain Buddhist Society,
Taiwan.

Dear Venerable Master Hsin-Tao,

At the outset, I would like to extend my sincere gratitude for visiting Bhutan's sacred places along with a group of Buddhists from Taiwan, Malaysia, Singapore, Thailand, China and the U.S. from 9-17 April, 2013.

I am so delighted to learn that your esteemed society is publishing a book titled **"A Pilgrimage to the Buddhist sacred places of Bhutan"** as an appreciation to your visit to this Buddhist heartland.

The said book would indeed offer invaluable information to the Buddhists and other interested individuals from Taiwan as well as other parts of the world wishing to visit the well-preserved sacred Buddhist culture, tradition and sites in Bhutan that are divinely blessed by none other than a great Buddhist Master *'Guru Padmasambhava'*, who brought Buddhism to Bhutan in the 8th century A.D. This book will not only help promote Buddhism, but, will also help travelers deepen their understanding about a unique Bhutanese culture and tradition, thereby, helping Bhutan in promoting Tourism.

I on behalf of the Ministry of Economic Affairs, Royal Government of Bhutan, extend heartfelt appreciation and commend you for such endeavor which would greatly contribute towards promotion of pilgrimage and cultural tours to Bhutan.

Tashi Delek!

(Norbu Wangchuk)
Minister for Economic Affairs,
Royal Government of Bhutan,
Thimphu, Bhutan.

親愛的心道法師：

　　首先，我要誠摯地謝謝您於二○一三年四月九至十七日之間，和臺灣、馬來西亞、新加坡、泰國、中國與美國佛教徒所組成的團體，一起參訪不丹聖地。

　　得知貴教團將出版《適彼樂土——不丹·朝聖》（A Pilgrimage to the Buddhist Sacred Places of Bhutan）一書，以表您對這趟佛國之行的珍視，我十分欣喜。

　　本書對於佛教徒、臺灣及世界各地有興趣到不丹觀光的人士，確有莫大助益。不丹擁有保存完好的佛教文化、傳統和觀光景點，這些都受賜於西元八世紀把佛教帶入不丹的偉大法師「蓮花生大士」（Guru Padmasambhava）。本書不僅有助於弘揚佛教，亦能使觀光客深入了解不丹的獨特文化與傳統，從而協助提升不丹的觀光事業。

　　我代表不丹皇家政府經濟事務部，向您表達由衷的感謝，並對您在提倡不丹朝聖與文化觀光上的卓越貢獻，表示讚揚。

　　祝 吉祥安康　Tashi Delek

　　Norbu Wangchuk

　　不丹皇家政府經濟事務部

　　不丹，廷布（Thimphu）

這次靈鷲山出版以心道法師二〇一三年率團前往不丹為緣起的《適彼樂土——不丹·朝聖》一書,內容涵括宗教史、社會文化與朝聖開示三面向,和以禪為宗、禪體密用,兼以南傳佛教禪定戒律為基礎的靈鷲山佛教教團「三乘合一」的特色正好互相呼應。

我和心道法師的因緣,可以溯自上靈鷲山為緬甸烏依瑪拉尊者、寧瑪派睡覺法王、噶舉派直貢法王等聖者擔任翻譯開始。至於不丹,則是在一九九九年以不丹國師傑堪布貴賓的身分,首度前往這個全世界唯一以佛教,而且是西藏佛教竹巴噶舉派為國教的國家。那一年不丹剛解除電視禁令,我也碰巧上了不丹國慶日大典的電視轉播,許多改革就從此出發。

幾年之間,這個以快樂力取代生產力的幸福國度登上了世界新聞舞台。透過本書,讀者當能了解這個小國,何以能成為我在華梵大學通識課程中,向學生介紹生活態度、生命價值的典範之一。

第三世巴麥欽哲仁波切／佛學博士 黃英傑

2013. 10. 18

　　不丹，是一個瀰漫著悠久佛教文化氛圍的山國。為了推動臺灣與不丹—這個全球快樂指數排名相當高國家—的雙邊交流，增進兩國人民福祉，去年（二〇一二年）十一月外貿協會首度邀請不丹王國商工會會長率十七家廠商來臺採購，並於當月二日共同簽署合作備忘錄，以加強兩國經貿合作，促進雙方在市場資訊、進出口貿易與兩國業者互動，加強貿訪團互訪，合辦研討會以及相互參展等業務上的合作。

　　除了邀不丹採購團來臺採購以外，外貿協會去年四月曾邀不丹組團參加「二〇一二臺北國際禮品暨文具展」；由於展出成效良好，不丹今年（二〇一三年）四月二度組團參展。其他領域方面，外貿協會也促成不丹廠商來臺參加十月三十一日至十一月三日舉辦的「二〇一三高雄國際食品展」。為協助業者開發不丹市場，擴大與不丹的經貿關係，今後外貿協會將會持續透過設於孟加拉的達卡臺貿中心聯繫不丹業者，加強兩國相互往來與合作。期盼在兩國人民的共同努力下，雙方交流互惠的產業領域將逐漸擴大，以共締合作發展的新猷。

　　欣聞吾師上心下道法師為弘揚佛法，帶領弟子及法友遠赴不丹朝聖，以共霑法露，同沐法喜。靈鷲山般若文教基金會附設出版社近日來邀為行將出版《適彼樂土——不丹・朝聖》一書贅數言，爰樂為序。

中華民國對外貿易發展協會董事長

王志剛

序

去年（二〇一二年），靈鷲山首座了意法師預告今年（二〇一三年）四月的不丹行時，我立即點頭參加而放棄了五月的慕尼黑禪修行，連我不好旅行的外子也乾脆允諾同行，不為其他，只為入不丹不易，能有機會隨靈鷲山開山住持上心下道法師飛不丹，一覽世界上最快樂的國家並分享他們的快樂，自是不容錯過！

除了好奇不丹人民為何快樂指數奇高，另一個重要因素便是對高山植物的期待了，因此，此行還特別新購了輕巧易攜帶的單眼相機，打定主意做個好「攝」之徒。盤東算西，就是沒嚮往千百年的寺廟聖物等事，不過〈蓮師心咒〉，我倒是在上虎穴寺前念完了一萬遍，身為基督徒，把這當作祝福的禱告覺得挺輕省的，因我不必想太多禱詞。

因為沒有宗教藩籬上的罣礙，此行在每個聖廟的法會或參觀中，我以基督的平安在每個寺廟禱告問候及奉主名祝福不丹這個國土，有一度在觀音法會中的急速咒語裡，我同時由心底冒出「感謝讚美主」的話語與之同步，當時心靈是平靜微喜的，這特殊的經驗，讓我再一次相信自己所認定的萬法皆同源於那一位創造的力量，那力量「自有永有」！

　　和師父同行的最大好處是可以拜見不輕易示人的聖寺或聖物，以及大成就者，所謂「跟著月亮走，不亮也光。」對於有心證道遊學的人或者如我這般對神造一切皆想探究祂美意的信徒，放開心胸跟師父一遊應會收穫滿滿吧！至於無緣參與的朋友們，看《適彼樂土——不丹 · 朝聖》一書，美麗的圖文亦能神遊其中，彌補不到之憾。

財團法人漢光教育基金會董事長

年輕時讀《莊子》，在〈內篇・應帝王〉一文結尾有「開竅而死」的有趣寓言：「南海之帝為儵，北海之帝為忽，中央之帝為渾沌。儵與忽時相與遇於渾沌之地，渾沌待之甚善。儵與忽謀報渾沌之德，曰：『人皆有七竅以視聽食息，此獨無有，嘗試鑿之。』日鑿一竅，七日而渾沌死。」

二〇一三年四月隨心道法師去不丹朝聖，回臺後已近半年，心中仍不時浮現喜馬拉雅山腳下這個號稱「全球國民幸福指數最高」的小國家的種種情景。不丹和臺灣的面積大小相近，但經濟發展卻與臺灣大不相同，尤其從我們在不丹所住的大多數旅館的物質條件中，最容易體察出這種經濟發展上的區別。但為何不丹能有百分之九十七的國民都感到幸福？這個問題自不丹親身體驗歸來後，仍常在心頭思索。

回臺之後，這半年來臺灣陸續發生了食物添加塑化劑及假油等事件，逐漸讓我回想起朝聖之旅中，心道法師與許多不丹法師的開示，而《莊子》「開竅而死」的寓言也不時閃現腦海。一時之間，對不丹人民之所以感到幸福的原因，似乎有了逐漸清楚的「明白」。

特別值得一提的是，在不丹的朝聖之旅中幸霑法喜，於洛札卡秋寺與南開寧波仁波切結緣，把自己多年來對世界各種宗教林林總總的對立、共存之困惑縮為一個問題向仁波切請益。此一問題，即李安導演拍攝的電影「少年Pi的奇幻漂流」中，少年Pi向父親說想同時信仰三種宗教，但父親回答說不可以

的問題。我以之請教南開寧波仁波切，而仁波切說如果小孩問他，他會回答：「如果你做了一個好的佛教徒，你就是一個好的回教徒，也會是一個好的基督徒。」這個開示，實與心道法師多年來致力推行的方向有不謀而合之妙。這是我在不丹朝聖之旅獲得的「幸福禮物」，也希望大家透過《適彼樂土——不丹・朝聖》一書，生起朝聖之心，去不丹尋找自己的「幸福禮物」！

財團法人樹仁社會福利基金會董事長
大成臺灣律師事務所主任

目錄

楔子──開顯自性朝聖行

「所謂朝聖，就是經由朝禮聖地的過程鞏固我們學佛的信心與道心。每一個聖地以及修行者的成就，都是我們最好的見證與學習榜樣。」──心道法師

二○一三年四月，靈鷲山佛教教團前往不丹，展開一趟朝禮聖地、親近覺者之旅。在心道法師的帶領下，團員們以虔敬之心追隨聖者的足跡，以「禮敬諸佛」、「稱讚如來」、「廣修供養」、「懺悔業障」、「隨喜功德」、「請轉法輪」、「請佛住世」、「常隨佛學」、「恆順眾生」、「普皆迴向」普賢十大願，全程懷著一顆緣起成佛的菩提心，放下妄念、培福植慧，締結善緣。在十天的行程中，涵括了宣說金剛乘教義及舉辦觀音百供法會、禪修、繞塔、點燈、拜訪具德上師等活動，團員在頂禮聖地的過程中，不僅見賢思齊，見證、學習聖者精進禪修、度化世人的願力，更藉此難得的法緣，福慧雙修、滋養善因。

心道法師說：「今生我們具足善緣，不但學了大乘佛法，也學了小乘佛法，也學到密乘佛法，佛陀所傳下來的三乘佛法，我們都有機會來供養跟學

求道路長，能朝禮聖地進而學習聖者，實為殊勝的因緣。

從飛機上鳥瞰不丹。

習。因為前生結了很大的好緣，種了很多的善根，今生才有這麼好的運氣讓我們來學習，所以應該把持著這份善緣，在朝聖當中，虔誠、謙卑地讓自己淨化。」因而，此次朝聖除了瞭解藏傳佛教的歷史及靈鷲山與不丹密乘的深厚因緣外，團員們更時時保持覺醒的學佛的心，將菩薩、上師與其法教安置於心中，以獲得良性的啟發跟學習。希望此行朝聖得以開顯自性，是一趟淨化心靈的修行之旅，而非僅是走馬看花的觀光遊歷。

在純淨自然的不丹佛國朝禮聖蹟，除了學習讓身心安住當下，滌盡垢染，更重要的是，要從朝聖中尋找自己永恆不變的明空的體性。心道法師說：「朝聖就是要找見證，讓自己可以去實踐修行、學佛的路。千年佛法為什麼可以在不丹傳承得這麼好？這其中一定有我們可以學習的地方，而這才是朝聖的意義。」

窗簷的木雕瑞獸裝飾。

楔子

　　十天的朝聖之旅，朝聖團從廷布、普那卡、本塘到巴羅，一路參訪蓮花生大士、竹巴昆列、龍欽巴、貝瑪林巴、夏宗法王……等成就者的聖蹟。在這些神聖空間中，每位團員品味寧靜與祥和，沐浴於空性的加持之中，覺受智慧的光明。尤為殊勝的是，朝聖團在心道法師的帶領下，得以拜見不丹第一國師吉美·秋札仁波切（Jigme Chhoeda Rimpoche）、第二國師多傑洛本仁波切（Dorji Lopen Rinpoche）、第七世南開寧波仁波切（H.E. Namkhai Nyingpo Rinpoche）等當代大修行者。心道法師更為弟子請法，使朝聖團團員得到法教的祝福與智慧的開展。在如此殊勝的法緣中，人人法喜充滿，學佛之心也更為堅固而精進。

　　本次靈鷲山所舉辦的朝聖活動，因不丹地勢所造成的旅

遊限制等因素，雖分為觀音團、普賢團、文殊團與香港團等四團出發，但各團朝禮聖地行程大致相同，亦與心道法師所在的觀音團有重疊的行程，因此每位團員皆有親霑法教的機會。然而，即便上師不在眼前、過往的偉大修行者也辭世已久，但透過「法」仍能體會佛、領受佛智慧。因此，本書除了尋繹靈鷲山朝聖團的行旅地點，介紹不丹聖地及其與佛教聖者的因緣，更記錄心道法師在聖地的教示，以便讓朝聖團團員與有心朝聖的大眾同聞法音，增長靈明智慧。除此之外，書末亦附錄不丹旅遊實用資訊，協助有心朝聖者順利朝禮佛國。

　　願有緣人透過本書，得以親近佛法而起信，佛弟子則更能堅定對佛法的信心；最後並藉由《適彼樂土——不丹·朝聖》的出版，見證佛子們對佛法的實踐。

第一篇 「西藏的終端」

──快樂佛國不丹

快樂何處尋？前往不丹，或許便可找到答案。

不丹，一個位於喜馬拉雅山下，北臨中國、南接印度的小國。根據不丹政府旅遊部的官方資料顯示，不丹人口七十萬，人均所得僅一千三百二十一美元，約為臺灣的十五分之一。這個國民收入不高、國土面積也僅有三萬八千平方公里的小國，卻因二○○六年七月英國萊斯特大學所公布的「世界快樂地圖」（World Map of Happiness）而聞名於世。在這份衡量國家快樂指數的報告書中，不丹站上了第八名，居全亞洲第一，更遠遠超越了排名第六十三的臺灣。

　　不丹又叫「雷龍之國」。就語源來看，不丹之名應來自梵語Bhot-ant，即「西藏的終端」，又有一說是來自梵語Bhu-uttan，意指「高地」。由這些名稱顯示出不丹的地理位置，可知古代要踏上這塊神祕的土地，絕非一件容易的事。早期不丹屬於吐蕃（領土範圍主要包含今日的西藏）的一部分，七世紀時藏王松贊干布為了鎮壓魔女，在全吐蕃修建了無數寺廟與佛

塔，其中便有兩座在不丹境內，這使佛教開始在不丹傳播。八世紀時，印度的密咒大師蓮花生大士到不丹伏魔傳法，使佛教在不丹的政經、宗教、文化……等各方面佔有重要地位。九世紀時吐蕃帝國瓦解，不丹地區於九世紀成為獨立的部落。而至十二世紀，陸續有許多西藏地區的大喇嘛到不丹定居、傳教，如藏傳佛教直貢噶舉派的傳人虐・嘉瓦・拉朗巴喇嘛便於巴羅建立寺廟，並為不丹日後的神權統治奠定基礎。十二世紀末，噶舉派的高僧帕佐・杜古姆喇嘛離開拉薩到不丹傳法，並在不丹制定法典、確立行政制度，不丹因此朝神權統治更進一步。

重視佛教的不丹，小小年紀便出家的喇嘛不在少數。

不丹是人人受到保障的平等幸福社會，氛圍寧靜祥和。

十七世紀，噶舉派的拿旺‧南嘉喇嘛統一不丹，成為最高的宗教和政治領袖──夏宗法王（Shabdrung Ngawang Namgyal），不丹至此正式成為政教合一的國家。一九〇七年，烏金‧旺秋（Ugyen Wangchuck）建立旺秋王朝，廢除神權政權合一的制度。旺秋王朝至今傳位至第五位國王，歷任國王均篤信佛教、愛護人民。而自第四任國王開始，更提出「國民幸福毛額」（Gross National Happiness，簡稱GNH）的概念，以佛法的精神，保護自然環境與傳統文化、推動經濟合理發展，創造人人受到保障的平等幸福社會。

在氣候涼爽宜人的不丹，森林覆蓋率高達百分之七十二，全境空氣清新，遍布未曾被開墾的高山、湖泊與山地植物。豐富的植被使不丹少見乾旱荒涼的景色，此種有情世間的清爽、清淨，彷彿同時帶給人民內心寧靜和清涼。

在不丹，人民常將「滿足」掛在他們微笑的唇角，而包括王室在內，全國人民中有四分之三都是佛菩薩的弟子，因此，整個不丹就像是一個掩映在翁鬱森林之中的禪修大道場，氛圍寧靜祥和，讓朝聖者一踏進這個國土，就自然而然地放鬆了身心，感受到不丹人民的樂活與恬適。

　　依靠現代交通的發達，前往不丹已不像古時候那樣困難。旺秋王朝的第四任國王吉美·辛給·旺秋（Jigme Singye Wangchuck），發心讓人民可以過幸福的生活，但他認為物質並不是幸福的唯一指標，因此特別重視保護森林和傳統文化。而繼任的第五任國王吉美·格薩·南嘉·旺秋（Jigme Khesar Namgyel Wangchuck）亦繼承此一理念，為了不讓過多的觀光客對不丹的人文、地理造成破壞，至今全國對外仍只有一座建於巴羅的小機場——巴羅機場。每一位來自全球各地的朝聖者都必須經由巴羅這個不丹門戶進入佛國，頂禮蓮花生大士及諸多成就者修行之處，靈鷲山佛教教團二〇一三年四月也在開山和尚心道法師帶領下，首次踏入不丹朝聖。

氣候涼爽宜人的不丹，森林覆蓋率高達百分之七十二。

　　不丹快樂的原因是什麼？拿這個問題詢問當地導遊，他回答：「因為宗教。」作為佛教國家，不丹人從宗教中學習感恩，對於所擁有的事物，感到滿足、幸福，知足常樂。心道法師說：「不丹沒有污染，跟大自然完全結合在一起，來到不丹，我們的靈性就自然安靜下來。」靈鷲山朝聖團每一位團員在踏上不丹國土之時，就已自覺「在不丹，要先讓自己有快樂、清淨的心，才容易向聖者學習。無論朝聖時衣食如何，所有的安排，都是最好的安排。」這也為後來沿途團員間的和樂、相互照顧奠定了基礎。此種正面思考方式，正是心道法師常常對弟子的生活教示：「負面思想只會帶來阻礙與困難，所以要正面、積極、樂觀。」

　　有人說，不丹的快樂，源自於國王「不過度開發」的政策，由此保留了不丹人純樸傳統的生活風貌，未受到現代社會資訊快速變遷的負面影響；又有人說，不丹的快樂，源自人民知足常樂的樂觀天性，沒有欲求，煩惱自然就少。然而，若拋開現在這些對社會、心理層面的認識，直接從不丹歷史中找原因，不丹的快樂，或可由其歷來與佛法的殊勝因緣說起。

不丹純樸自然的生活風貌，培育人知足常樂的天性。

一、不丹的佛法淵源

巴羅機場航廈正面。

不丹當地報紙「The Bhutanese」二〇
一三年四月六日以半版篇幅，報導靈
鷲山心道法師將至不丹朝聖。

　　四月九日，朝聖團乘坐不丹皇家
航空降落巴羅機場不久，便深深感受到
這是個瀰漫濃厚佛教氣息的國度。不僅
機場內部沒有太多行色匆匆的人潮，航
廈外觀更與遍布不丹境內的古老寺廟無
甚差別，白牆、紅頂搭配雕刻精緻的木
窗，主體建築僅約三、四層樓高。因
此，佇立在山谷中的現代機場，竟與周
遭的自然景物毫不衝突。而抵達機場
後，朝聖團也由導遊手中拿到一份名為
「The Bhutanese」的當地報紙，此份報
紙在四月六日的國際（Nation）版上，
就以顯著標題預告靈鷲山心道法師將至
不丹朝聖及朝聖團的相關行程，可見當
地對佛教交流活動的重視。

不丹皇家航空飛機尾翼上的國旗圖案中有一白龍，背景兩色喻意著國王與佛法的權力。

　　不丹縈繞著濃厚的宗教氛圍，從代表國家的國旗、國徽、國鳥、國獸等物來看，佛教在不丹人的心靈層面擁有很大的影響力。例如不丹國旗，有一白龍居中，背景則以黃、橘兩色分隔，黃色象徵國王的權力和政績，橘色則象徵佛法的精神與力量；不丹國徽，有十字金剛杵、蓮花、雙龍、寶珠等佛教圖騰呈現於上。不丹國鳥是烏鴉，而烏鴉為佛教護法「瑪哈嘎拉」（Maha Kala）的化身；不丹國獸是羚牛，據傳，羚牛這種稀奇的動物是一位看似瘋狂的高僧創造。如此種種，都具體而微地展現了不丹作為佛教傳承地的特色。

不丹國鳥烏鴉，據說烏鴉為佛教護法的化身。

不丹國獸羚牛（俗稱四不像）。傳說中，此種稀有的動物是由神聖的瘋狂喇嘛竹巴昆列創造。

藏王松贊干布建寺

　　不丹與佛法結緣，可追溯自七世紀。不丹位於喜馬拉雅山脈南坡，而這樣的地理位置，使它在歷史上與現在的西藏同屬吐蕃王朝的一部分。七世紀，吐蕃王朝的統治者、因弘揚佛教有功而被後人稱為「吐蕃三大法王」之一的松贊干布迎娶了尼泊爾的赤尊公主和唐朝的文成公主。（「吐蕃三大法王」即松贊干布、赤松德贊、赤祖德贊，據傳此三大法王分別為觀音菩薩、文殊菩薩、金剛手菩薩的化身）為了供奉兩位公主分別從自己的國家帶來的佛像並鎮壓妨礙佛教傳播的魔女，松贊干布偕同兩位公主興建了著名的大昭寺、小昭寺以及許許多多的寺廟，其中兩座（江貝拉康、基秋拉康）就位於今天的不丹地區，佛法也因此在不丹生根發芽，埋下了種子。

松贊干布興建江貝拉康與基秋拉康。

　　松贊干布是唐時期的藏王（吐蕃王），年少即位，驍勇善戰，因此名聲威震青藏高原一帶，西域各國都臣服其下。唐貞觀十四年（六四〇年），松贊干布派遣使者入唐求親，隔年文成公主帶著豐厚的嫁妝入藏，嫁妝內容包含佛像、經書等種種佛教珍寶，對弘揚佛法起了很大的幫助，而唐與吐蕃亦就此正式成為盟國。松贊干布改創文字，命人將觀音菩薩的相關經文翻譯成藏文，而與其結親的文成、

赤尊兩位公主亦篤信佛教。根據噶舉派噶瑪系的活佛巴臥・祖拉陳哇（一五〇四～一五六六年）所作的吐蕃史《賢者喜宴》記載，觀世音菩薩見調伏藏區的時刻已到，於是從體內射出數道光芒，投胎為松贊干布、赤尊公主和文成公主。由於此一不同尋常的出生，松贊干布自幼具一切功德且胸懷深遠，其投胎時，處處充滿吉祥徵兆。至於赤尊公主與文成公主則天生身懷香氣，且均為度母的化身。

　　吐蕃原本信奉的是苯教（一種盛行於西藏地區的巫教，屬於泛靈信仰），松贊干布在位期間雖大力推廣佛教，但許多握有實權的貴族大臣是苯教的信奉者，因此佛教並未立即在藏地成為主要宗教。直到第三十六任的藏王赤德祖贊，才又力圖振興佛教，並迎娶了信仰佛教的唐朝金城公主。

度母

綠度母

　　「度母」是觀世音菩薩眼中光芒（或說眼淚）化現的女菩薩，這位菩薩有眾多形象，但最為人所知的形象是一面二臂的綠度母以及白度母。據與度母有甚深因緣的波卡仁波切所著之《波卡仁波切談度母》，度母右手結勝施印，左手結皈依印，而一腿盤坐一腿彎曲的坐姿，則象徵度母雖已捨離煩惱，卻還是隨時要起身救度眾生。綠度母的綠色代表覺悟者積極的慈悲，以風般的速度利益眾生，白度母的白色則代表去除障蔽。白度母常為人治病、延壽，又另有七隻眼睛，代表從解脫三門澈見實相，以四無量心生起大悲。

不丹國境內仍保留了蓮花生大士幾處重要的修行之地，圖中虎穴寺即為其一。

蓮花生大士造訪

「吐蕃三大法王」除了松贊干布外，還有一位是赤德祖贊的兒子，即被尊為文殊菩薩化身的第三十七任藏王赤松德贊。赤松德贊是藏傳佛教史上的重要人物，他成年後貶斥支持苯教的權臣，並請印度瑜伽中觀學派的創始人寂護來吐蕃弘法。此時，苯教的勢力仍然強大，因此寂護又建議赤松德贊迎請印度的密咒大師蓮花生來調伏障礙，以利佛教傳播。據吐蕃史書《賢者喜宴》記載，蓮花生大士到西藏後大顯神通，將砂石變成黃金，貧瘠之地變成草原，並將各式妖魔一一降伏。而在不丹的史書中，蓮花生大士在赤松德贊主政時期亦曾造訪當時飽受魔害的不丹地區，幫當地的部落首領和百姓除害，並且弘傳佛法，讓當地人紛紛改信佛教。因此，現在不丹國境內，仍保留了蓮花生大士幾處重要的修行之地，留下不少蓮花生大士降魔的傳說。

蓮花生大士為八世紀的印度鄔仗那國（今巴基斯坦境內）人，具體生卒年不詳，有大神通力，一生善以密咒降魔、弘揚佛法。由於他神通廣大又慈悲，包括不丹地區在內，藏傳佛教徒常親切地稱呼他為「咕嚕仁波切」（Guru Rinpoche），亦即

「珍寶上師」。而在正式的藏文經
典中，蓮花生大士則多被稱為「貝
瑪桑巴哇」（Padmasambhava），
亦即從蓮花中誕生之意。此因典籍
中記載蓮花生大士為佛陀所預言的
第二佛，並非凡胎所生。歷史上，
蓮花生大士的傳記多達百部，從出
生、修行到伏魔、弘法等各個面
向，皆記載蓮花生大士殊勝的事
蹟，足以顯示人們對蓮花生大士的
恭敬心與信心。

藏文史籍中，蓮花生、寂護與
赤松德贊同稱「師君三尊」。自赤
松德贊時期蓮花生大士到不丹地區
降魔開始，藏傳佛教逐漸成了不丹
地區的主要信仰，而「吐蕃三大法
王」的最後一位即赤松德贊之孫赤
祖德贊，其更使佛教在吐蕃聲勢達

通往蓮師伏魔的虎穴寺的金門。

到鼎盛。有金剛手菩薩化身之稱的赤祖德贊不僅讓出家人擔任
地位崇高的宗教大臣、參與軍事及政治，還賜與寺院土地和牲
畜。然而在赤祖德贊被謀害、朗達瑪繼任藏王後，朗達瑪發動
了大規模的滅佛，間接導致了吐蕃王朝的崩潰，而這也使不少
僧侶遷往不丹居住。

蓮花生大士頭戴蓮花帽，身穿國王般的衣袍，手持金剛杵與長壽瓶，挾著三叉杖，其莊嚴令人讚嘆。

蓮花生大士

宣說蓮花生大士生平的傳記無數，據《蓮華生大士傳》所記，其非同尋常的身世大致如下：古印度西部有位無子嗣的國王，其國內天災不斷，國王的雙目也不幸失明。因此，一位賢人教導國王廣行布施、持誦《心經》以消除災難。國王為了布施，親自前往龍宮取寶，途中經過一個開滿蓮花的湖泊。沒想到一到湖邊，國王竟然重見光明，而此時湖中蓮花亦放出五彩光芒，有個眉目端正的孩童坐在蓮花中。國王將這名孩童抱回王宮撫養，於是十方神佛也都前來為之供養、加持，國內災難也一一平息。

蓮花生大士天資聰穎，從小對佛教義理多有穎悟。長大後，其依止多位印度的密宗大師修行，後獲得大圓滿法的傳承，成為一位瑜伽行派的大學者。有些藏文典籍記載蓮花生大士曾到五臺山學習天文曆算，而其證悟後，除了遊歷印度各地修行弘法、建造寺院外，更受邀到吐蕃以及不丹地區伏魔、譯經，將覺悟的種子撒在藏區的土地上，並以「伏藏」的形式將甚深密法埋藏在青藏高原的山谷、湖泊中。

「伏藏」指埋藏在山岩湖水中的經典、法器。相傳蓮花生大士為了利益未來有情，因此在吐蕃埋藏了大量的伏藏。有能力挖掘這些伏藏的人，稱為掘藏師（或伏藏師），如金剛乘四大宗派之一的寧瑪派就出現了不少掘藏師。這些被挖掘出來的伏藏，保存了早期佛教經典的譯本、吐蕃的歷史與傳說，極具有殊勝與特殊的重要性。佛教在西藏得以發揚光大，蓮花生大士做出了極大貢獻，他在藏區建立了密宗傳承，並成為藏傳佛教四大宗派之一的寧瑪派的祖師。而在今日不丹境內，諸如虎穴寺、火焰湖、固結寺……等著名聖蹟，也都流傳著蓮花生大士在當地發生的故事，山間湖底蘊藏著一段蓮花生大士修行弘法的生命軌跡。

夏宗法王統一不丹

十二世紀中葉，陸續有許多大喇嘛到不丹地區定居、傳教，得到了當地領袖的支持。如藏傳佛教直貢噶舉派的傳人虐・嘉瓦・拉朗巴喇嘛從西藏至不丹傳教，並在帕羅建立寺廟。又如寧瑪派的拉準南開吉美喇嘛於錫金傳教，影響力也漸及不丹地區。十二世紀末，噶舉派的高僧帕佐・杜古姆喇嘛按照其導師的遺言離開西藏的拉薩來到不丹傳法，把西藏的政教制度、寺院形式、藏語帶到此地普及，並在不丹制定了法典。據說，其後代在不丹一直是喇嘛家族，不少貴族都宣稱自己與他有血緣關係。帕佐・杜古姆喇嘛為當時的不丹社會暫時帶來了穩定，然其過世後，不丹又陷入政局混亂。

直至十七世紀，噶舉派的拿旺・南嘉喇嘛統一了不丹，成為不丹地區最高的宗教和政治領袖——夏宗法王（Shabdrung Ngawang

夏宗法王所建的普那卡宗。

Namgyal），不丹才就此正式成為政教合一的國家。夏宗法王設立了掌管宗教事務的高級僧官，演變至今即今日的第一國師「傑堪布」。據說，蓮花生大士也曾預言夏宗法王將掌理不丹。

夏宗法王原為西藏的竹巴噶舉派大喇嘛，在西藏時便有很高的聲望與影響力。其誕生時，有種種的吉祥徵兆，不僅天現彩虹、降下花雨，剛出生的夏宗法王還能自然誦念佛經法語。夏宗法王長大後，被推舉為拉隆寺的住持，然其在西藏不斷遭到襲擊，因此，他聽從佛教護法神瑪哈嘎拉的指示，於一六一六年離開西藏，來到不丹。他在不丹修建寺廟、碉堡，

制訂禮儀法規、成立僧團組織，壯大宗教、政治上的實力。通過幾次抵禦西藏軍隊入侵的戰役，夏宗法王大獲民心，被不丹人擁戴為首領，而鄰國也紛紛承認其統治地位。一六三七年，夏宗法王統一了不丹全境；一六四六年，西藏政府也正式承認了夏宗法王的統治權。

　　夏宗法王在位期間，禁止徵收百姓自願貢獻以外的財物，杜絕竊盜以穩定治安。除此之外，更積極發展商業及手工業、建立不丹的交通網，並與鄰國保持友好關係。夏宗法王掌握了政治大權，但他卻從未忘記自己是一名佛教徒。因此，在社會穩定發展、人民安居樂業後，夏宗法王便毅然決然地放下管理國家的重任，退位隱居修行，從此不再露面，直至圓寂。由於夏宗法王對不丹的建設及對佛法的實踐，深受不丹人民愛戴，即便是在現在的不丹，仍可見夏宗法王的聖像供奉在各地廟宇之中。

旺秋王朝的崛起

　　夏宗法王圓寂後，其所建立的王國漸漸陷入了內亂之中。兩百多年間，不丹政局動盪不安，陷入頻繁的內戰與外戰之中，先是歸順清朝而成為西藏的藩屬國，後來又被英國武力入侵，許多土地均被英國佔領。待一九四七年英國勢力撤出南亞，不丹又受獨立後的印度管轄，對外關係甚至須受印度政府的指導。在風雨飄搖中，一九〇七年，烏金・旺秋（Ugyen Wangchuck）國王建立了君主集權的旺秋王朝，廢除了神權與政權合一的制度。其引進西方教育制度、發展商業並改善國內交通，使不丹逐漸恢復國力。但此時不丹仍處於英國與獨立後的印度的管轄下，雖然國內動亂已弭平，卻尚未完全轉型為現代國家。而第二任國王吉美・旺秋（Jigme Wangchuck）在位之初，不丹的經濟型態亦仍十分原始，主要採取以物易物的交易

郵局與銀行外觀。

方式，但已開始修訂政策，讓不丹漸往現代國家邁進。至第三任國王吉美‧多傑‧旺秋（Jigme Dorji Wangchuck），不丹徹底朝現代國家轉型，不僅建設多所學校、現代醫院、發電廠以及東西向的環山公路，還積極參與國際社會，於一九七一年加入聯合國，第三任國王因此被稱為不丹的「現代之父」。更為人稱道的是，吉美‧多傑‧旺秋國王解除了農奴制度，釋放了所有的奴隸，並成立國民議會、建立現代的法律制度。

至於第四任國王吉美‧辛給‧旺秋（Jigme Singye Wangchuck），則主張以對「國民幸福毛額」（Gross National Happiness，簡稱GNH）取代對「國民生產毛額」（Gross Domestic Production，簡稱GDP）的重視，強調政府應為人民創造幸福感，而非一味追求經濟發展、造成生活壓力而喪失心中本有的清淨、快樂和寧靜。他的做法，讓不丹人的快樂世

第三任國王吉美‧多傑‧旺秋使不丹徹底朝現代國家轉型，
因此被稱為不丹的「現代之父」。

作為國家門面的機場，在醒目處設有慶賀皇家婚禮的看板，
可見不丹全國上下對國王的敬愛。

界聞名，而各國也紛紛開始學習如何平衡物質與心靈。畢竟，
世間財是虛幻的，如同夢幻泡影，並不能為人心帶來真正的喜
悅。吉美‧辛給‧旺秋國王十七歲即位，在位三十四年後，
便在人民的不捨下主動退位給長子吉美‧格薩‧南嘉‧旺秋
（Jigme Khesar Namgyel Wangchuck），展現了不眷戀世俗權
力的瀟灑氣度。

　　現任不丹國王為第四任國王的長子——第五任國王吉美・格薩・南嘉・旺秋。吉美・格薩・南嘉・旺秋國王於二〇〇八年正式登基，上任後便推動民主選舉，產生民選政府，使不丹由君主獨裁制轉為君主立憲制。其繼承第四任國王重視「國民幸福毛額」的理想，訂定一套幸福指標，力圖讓不丹往充實靈性、找到身心平衡的道路邁進。第五任國王以佛法的精神提升不丹人民的心靈層面，並著重以四個面向：合理發展社會經濟、保護生態環境、維護傳統文化、建立良好的民主政府，來實現不丹的幸福。

　　至今百餘年的旺秋王朝，歷任國王均深受人民愛戴。作為國家門面的機場，在醒目處有慶賀皇家婚禮的看板，上有國王與皇后的合照；閒步於機場的免稅商店或民間市集，更不時可以看到歷代國王的照片被懸掛在門口。這一切，均反映出不丹上下對國王的敬愛，亦顯然與國王以佛法精神治理國家、讓人民獲得心靈上的平靜與滿足分不開關係。雖然，今日的不丹神權與政權的結合不如古代緊密，但不丹仍是一個禮敬三寶的國家，不僅掌管宗教事務、參與國家大事的「傑堪布」傳承至今，金剛乘的教法也依舊在不丹保存良好。

二、不丹聖蹟巡禮

　　不丹佛教屬於金剛乘，而金剛乘大致可分為寧瑪、格魯、薩迦、噶舉四派。其中，不丹的主要宗派是噶舉派的竹巴系，而寧瑪派亦在不丹的佛教歷史上佔有一席之地。

　　不丹的主要宗派是噶舉派，如十七世紀時統一不丹的夏宗法王便是噶舉喇嘛，因此噶舉派在不丹具有領導地位。「噶舉」的意思為「口傳」，因為此一宗派特別重視修練口耳相傳的密法。另外，噶舉派又有「白教」之稱，據說這個名稱源自於其祖師馬爾巴、密勒日巴尊者修法時穿著白色衣服。

　　噶舉派有許多支派，在不丹，最重要的是竹巴噶舉（又譯主巴噶舉）。噶舉派有兩大傳承，一是香巴噶舉，一是達波噶舉。因為香巴噶舉在十四、五世紀時斷了法脈，所以現在所說的噶舉派一般指達波噶舉的傳承。達波噶舉分出噶瑪噶舉、拔絨噶舉、蔡巴噶舉、帕竹噶舉等四派，後來，其中的帕竹噶舉派又分為八大法脈，在不丹具統治地位的竹巴噶舉便是八大法脈之一。這些支派教義差別不大，多奉馬爾巴、密勒日巴為祖師，並主要以大手印法為教法。

　　大手印之名有豐富的涵義，根據當代重要的寧瑪派暨噶舉派學者竹慶本樂（或譯佐千奔洛）仁波切所著之《狂野的覺醒　大手印與大圓滿之旅》，大手印的藏語作「chak gya chenpo」，chak指空性和對空性的親證體驗；gya的意思是

「印」、「象徵」，意指萬事萬物內在本有的不變、離造作或非緣起的本質；chenpo則為「大」、「遍布」之意，指心的本質遍及一切，解脫存在諸法實相俱生的真實本性中。同時，「大手印」又有「印璽」之意，印璽代表皇帝頒佈詔書的絕對權力，蓋上印璽詔書便發揮作用，故在此處用以象徵一切現象的「空性」本質。簡言之，大手印，即諸法明空不二的真實本質，亦是對此一諸法實相的真正體會。據竹慶本樂仁波切所言，大手印又可分「經教大手印」、「密咒大手印」、「心要大手印」，經教大手印主要根據顯經的教義，禪修時讓自心離作意，安住在非概念性的智慧、安住在體驗萬事萬物的本質之中；密咒大手印主要傳承金剛乘法門，包括本尊修持的生起次第與圓滿次第，並教授詳盡的脈、氣、明點（色身的要素或精髓）口訣；心要大手印汲取前兩者的心要，是一種仰賴加持的虔誠心之道，其脫離儀軌或正規佛法學習等形式，透過上師對弟子直指心性，斷捨對概念的執著，直接觀照心的體驗與本質。

相對於被稱為「白教」的噶舉派，寧瑪派又稱「紅教」。在藏區，寧瑪派有六大主要寺院，其中尤以噶陀寺最古老，孕育即身成就的虹光身成就者無數。「寧瑪」的意思是「古」、「舊」，因為此派奉蓮花生大士為祖師，承襲

蓮師的教法，弘揚吐蕃王朝時翻譯的密咒，在藏傳佛教史上歷史最為悠久。傳說中，蓮花生大士誕生於蓮花，許多佛教經典都記載了佛陀曾諭示蓮花生的出現。而在歷史上，蓮花生是印度鄔仗那國的王子，他在印度依止許多密宗大師修行，獲密宗大圓滿法的傳承，並活躍於那爛陀寺。後來，他受到吐蕃王的邀請入藏，降伏妖魔、傳授「金剛橛」和大圓滿法中的《空行心髓》，因此在今日的西藏、不丹各地都留下了修行、埋藏伏藏的故事。

　　寧瑪派伏藏師發掘的伏藏應有盡有，包含佛像、修法、甘露……等，最重要的是蓮花生大士埋藏的典籍。這些典籍裡有部分是灌頂內容，有部分是修法儀軌以及修法從前行到正行的一系列具體操作方式，而其中大圓滿法是最高的密法。寧瑪派的教義，與中國禪宗主張「見性成佛」頗有相似之處。世間萬物都由心派生，心本來清淨，只是常被煩惱障蔽，所以只要隨任心的自然，擺脫欲望、煩惱而領悟空性，就可以

即身成佛。不過，寧瑪派更注重從實修中有次第地體悟心體本淨，藉由儀軌、經咒持誦引導進入修行，淨化累生累劫的業障雜染，最終契入本性，了知一切現象皆為心的妙用且體悟心與妙用其實皆空。簡單來說，寧瑪派的主要觀點為「體性本淨，自性任運，大悲周遍」，主張修行的重點就在於如何把握這個本有的清淨無染的心，使心安住在空虛明淨中。而要做到這樣的成果，就要修習大圓滿法，用大圓滿的智慧來擺脫迷惑、欲望、煩惱。

以往，大圓滿法的傳授與修持都是秘密進行的，寧瑪派認為，大圓滿是一切法的精華，具有極高的珍貴性，因此不能輕易公開。雖然現在一般人已可看到介紹大圓滿法的相關書籍，但若要實際修行，仍應依止善知識，由合格的上師傳大圓滿並有次第的修行，修大圓滿才可能成就。大圓滿的修法頗為複雜，大抵來說，修大圓滿，要先由具德上師根據弟子的根器，為弟子灌頂並傳弟子上師相應法，以淨化弟子累世業障，福慧具足，成為正確接受法教的器皿；再次，弟子應於修法期間固定向上師回報修行的經驗、體悟與困難，待時機成

熟，上師再適時點破弟子，使之當下澈悟。寧瑪派以大圓滿為最重要的心法，因其認為心是光明的，然心體又是空性的。心非有非無，不落兩邊，佛和眾生的心沒有差別，因此，透過修法眾生皆有悟道的可能。

　　噶舉、寧瑪二派與臺灣靈鷲山的法緣可說十分深厚。靈鷲山開山和尚心道法師曾在禪定中見噶舉的密勒日巴尊者，以手摩頂，賜法名「普仁」。一九八二年，心道法師得噶瑪噶舉派的第一世卡魯仁波切「時輪金剛」灌頂，並得授法名「無畏」；同年，得噶瑪噶舉派的創古仁波切傳授「四臂觀音」與「大手印」。此後，靈鷲山無生道場更有多位噶舉派的仁波切陸續來訪，如堪布卡特仁波切來山教授「大手印止觀」、「唯識」和「中陰度亡」，又如竹巴噶舉派德頌仁波切傳授「蓮花生大士上師相應法」、「入中論」，竹巴噶舉傳承持有者竹千仁波切傳授「大手印前行灌頂教授」與「財神法」……等。而自一九九六年，寧瑪噶陀傳承的第三十六代毗盧仁波切初次到訪靈鷲山起，寧瑪派與心道法師的法緣亦被牽起。毗盧仁波切曾於七年間為靈鷲山僧眾口傳、灌頂即身成佛的無上法門《大寶伏藏》，並曾傳授《龍欽寧體》、《龍薩寧波》。二〇〇一年，心道法師更得寧瑪噶陀傳承的持有者第十九世莫札法王認證為虹光身成就者「確吉多傑」的轉世，賜號「巴吉多傑」（吉祥金剛）。而二〇〇二年，莫札法王委由毗盧仁波切到靈鷲山主持心道法師陞座大典。在陞座典禮上，毗盧仁波切更表示，心道法師是大修行者，亦是寧瑪派的成就者，陞座典禮的

意義，不僅是認證心道法師為發大願力的修行者，更代表三乘合一的菩薩道在靈鷲山圓滿呈現。

由於心道法師的金剛乘傳承身兼噶舉、寧瑪二派，而噶舉派、寧瑪派的教法在不丹保存得特別完整，因此，心道法師二〇一三年四月特地帶領四眾弟子前往這個天然道場參訪聖蹟，朝禮蓮花生大士、龍欽巴尊者等諸多金剛乘成就者修行之處，因為聖地以及修行者的成就，就是最好的見證與學習榜樣，心道法師期許弟子們能依止聖者的修行風範，感受到成就者的加持與能量，深化鞏固學佛的信心與道心，在菩薩道上成就慈悲喜捨的大圓滿行。

心道法師 吉祥金剛轉世認證函。

心道法師 吉祥金剛轉世認證函（原藏文）。

在佛國不丹,每個省都有一座叫做
「宗」(Dzong)的碉堡式建築物。

廷布Thimphu

　　廷布為不丹政教的中心所在,廷布雖為首都,卻與多數國家首都充滿高樓大廈的市容截然不同,其以傳統建築為主,整座城市被蓊鬱的森林所包覆。這裡不僅有國立寺院、供奉世界最大佛的自然公園、國家紀念塔……等與佛教密切關聯的景點,還有身兼國王辦公處與傑堪布夏宮的全國最大「宗」──札西秋宗。在佛國不丹,每個省都有一種叫做「宗」(Dzong)的碉堡式建築物。早期「宗」作為軍事要塞使用,如今「宗」不僅是不丹各地的行政中心,也是宗教中心,因為它一半歸屬僧侶,一半歸政府運用。「宗」對不丹的重要性,由不丹的官方語言稱為「宗喀語」(Dzongkha)就可見一斑,因「宗喀」指的就是「在宗說的語言」。

雄偉壯麗的吉祥法處──札西秋宗。

廷布展現了歷代國王、高僧以國家力量護持佛法的願力，而靈鷲山朝聖團亦在此朝禮不丹的佛教聖蹟，淨化身心靈，放下諸煩惱，讓靈性好好修養，也一路身體力行心道法師「慈悲與禪」的法教，期望與聖人聖地清淨相應，生起清涼智慧的法喜。

佛法慈悲，孤有所養——德千頗章寺Dechenphodrang monastery

德千頗章寺建於十六世紀，一如不丹隨處可見的寺廟般，德千頗章寺並不特別華麗，僅是一座白牆紅瓦的數層樓高的建築，然而它卻是培育弘揚佛法事業人才的重要寺院。目前，此處約住有二十多位老師及兩百七十位小喇嘛，由政府提供八年的免費教育給這些因沒有父母或家裡貧窮而被送到此處的小喇嘛。此一殊勝的寺廟屬國家所有，依規定，一般團體是禁止入

彩旗飄飛的路旁，寺內僧侶列隊歡迎心道法師。

內的。此次靈鷲山朝聖團在不丹
政府特別批准及寺廟住持的善意
安排下，得以入內參訪、舉行法
會，法緣相當難得。

　　朝聖團抵達德千頗章寺時，
寺內的小喇嘛已於彩旗飛揚的路
旁排成兩列，歡迎心道法師的到
來。而對於出寺迎接的住持，心
道法師則獻上潔白的「哈達」
（一種條狀絲織品，藏傳佛教以

德千頗章寺的住持出寺迎接，心道法師（左）
獻上潔白的哈達以示敬意。

小百科

唐卡

　　「唐卡」是一種以礦石粉繪製，並以彩段裝裱的卷軸畫，常見於西藏宮
殿或藏傳佛教寺院中的畫作，然亦有以拓印、刺繡等方式製成者。據華熱·
索南才讓《話說藏傳佛教唐卡藝術》一書的研究，唐卡藝術的產生，可能與
藏族的游牧生活方式及佛教信仰有關，因游牧生活中需要一種隨時可以讚
誦、瞻仰佛之身、語、意的聖物，便於懸掛、攜帶、收藏的唐卡因此成為理
想的載體。而佛教傳入前，盛於藏地的苯教亦常將宗教故事描繪於布料上，
搭配說唱傳播教義，可能是唐卡的前身。

　　自七世紀吐蕃王朝興起，佛教經典傳入藏地，以圖像方式宣說佛教故
事與義理的唐卡藝術便開始萌芽。此因佛教義理十分深奧，因此藉由圖像宣
說佛理有助於民眾瞭解與傳播。由於唐卡的繁榮與藏傳佛教興盛息息相關，
使得唐卡繪製的主題多為佛教故事，加上佛像、說法圖、寺院、祖師大德、

此禮敬致意）以示敬意。進入寺院後，眾人共修〈蓮師除障祈請文〉，以相應於不丹這個藏傳佛教信仰深厚的國家。〈蓮師除障祈請文〉，全稱〈蓮花生大師消除障道祈請頌〉，是最初在直貢噶舉囊謙巴麥寺出家的十九世紀的大掘藏師烏金秋吉德千林巴（Chokgyur Dechen Lingpa）取出的〈上師意成就，障礙遍除之口授心要——如意寶珠〉中的外修祈請修法的節錄。內容主要講述蓮花生大士有許多不同的神變、降伏諸多魔障並呈顯不可思議的境界，讚揚、歌頌蓮師種種的弘化事蹟與修持。在此祈請文中，一再祈願蓮花生大士慈悲加持，消除一切障礙，圓滿成就一切善。

佛教義理等主題，此類佛教相關主題唐卡共佔百分之八十以上，其餘則為與歷史、醫藥、文化活動、天文曆算等相關的內容。

　　在不丹首都廷布，有間俗稱為「唐卡藝術學校」的傳統藝術學院（National Institute for Zoring Chusum），主要培養對不丹傳統藝術有興趣與天分的學生。此次靈鷲山朝聖團亦慕名於朝禮聖地的間隙前往，參觀學生們的上課情形。一間間的教室中，有紡織、雕塑、木刻、刺繡等課程，以及此次的參觀重點——繪製唐卡。據說，要成為唐卡畫師，不僅需具藝術天分且年輕力壯、五官明慧，更重要的是要篤信佛法，常懷利他之心，方能繪出妙相具足的莊嚴佛像。

唐卡藝術學校大門，門口飾有精緻的八吉祥圖騰。

練習繪畫技巧的學生。據說，唐卡畫師必須篤信佛法。

心道法師於寺內點燈供佛。

朝聖團團員們在心道法師的帶領下皈依發心。不僅皈依佛法僧三寶、培養供養心喜捨眾生而於聖地種下生生世世成佛的種子，還在隨行法師的號召下，隨喜供養寺院，贊助小喇嘛們的教育基金，實踐慈悲喜捨的真正涵義。

在寺內，心道法師特別針對朝聖的意義與要點開示道：「例如『朝聖』，常常禮敬佛寺就是一種薰陶——清淨的薰陶跟無染著的薰陶。在朝聖的時候，要讓自己清淨，不要去染著很多的貪瞋癡，朝聖時最重要的就是不生煩惱。」鼓勵眾人朝聖要淨化身心靈，沿途常念〈蓮師心咒〉、〈大悲咒〉、《普賢行願品》、《金剛經》來攝心，得到戒定慧的加持。此外，心道法師亦點出靈鷲山的宗風為「慈悲與禪」，帶領眾人實踐慈悲，並教授九分禪，在「吐納調息，覺知出入息，淨心觀照，聆聽寂靜」的禪修步驟下將身心靈放鬆，鼓勵眾人在靈氣好的地方禪坐以增長清明智慧。

德千頗章寺內部裝潢簡樸，雖然牆上裝飾的唐卡隨著時光流轉已不復往昔鮮麗，寺廟光線也不甚明亮。然而，朝聖團在這一古樸的寺院共修〈蓮師除障祈請文〉及禪修卻特別有感應，多位師兄、師姐不僅修除障文時淚流不止，更表示在此禪坐特別容易靜定，不復以往妄念紛飛。而這也讓人想起，心道

法師曾教示的禪修目的：「我們為什麼要打坐？為什麼要做止跟觀的一個工作呢？這個世間，有非常多的意識分別，這些意識分別讓我們很多想法有了煩惱、有了生死。我們為了斷除煩惱、了脫生死，發無上的菩提心，所以在這裡修止，止息一切的攀緣、妄念，觀照一切的無常、生滅。一切現象裡都沒有我們的自性、覺性，一切都是短暫存在。我們的心往往跟到這個短暫的存在，分別執著、貪念不止，由於種種的意識分別，產生了貪瞋癡，造成了生命輪迴的一個起因。所以，我們要止息這些妄念、攀緣，到達空性的真實。我們原本的、最原始的自己已具足斷煩惱、了生死的本質，所以我們要把妄念、習氣，用禪修觀照的力量，轉換成清淨無染的覺性。」

另值得一提的是，心道法師曾於紐約與一位不丹的桑傑顛津仁波切（Sangay Tenzin Rinpoche）結緣，這位仁波切發願要鑄造千尊的夏宗法王的雕像，目的在於希望佛法在不丹可以永久住世。此次朝聖團參訪德千頗章寺後，桑傑顛津仁波切盛情邀請眾人造訪其寺。在寺中，仁波切亦為朝聖團進行開示，其開示讓眾人理解依止上師、讓自己有善知識引導的重要性。因為密乘裡，金剛上師為大，如果沒有金剛上師，眾生將無法涅槃。

朝聖團共修〈蓮師除障祈請文〉，
祈求蓮花生大士慈悲加持。

五佛珠線結善緣

當晚，朝聖團於餐廳外欣賞不丹當地祈求調伏障礙、傳達佛法義理的金剛舞。但因舟車勞頓，共進晚餐時眾人均已疲憊，此時金剛舞又在寒冷的室外舉行，表演尚未結束，部分團員即已開始打盹。就在此時，有位團員發現，同樣疲憊的心道法師仍十分專注觀賞著金剛舞，不僅從頭到尾毫無遺漏，觀賞舞蹈後更親自為舞者及餐廳的服務人員綁上五佛珠線、分送九宮八卦來祝福、結緣。

不丹當地祈求調伏障礙、傳達佛法義理的金剛舞。

心道法師主動為當地人綁五佛珠線、發送九宮八卦的舉動，讓眾人深受啟發。團員們見到心道法師對待每個眾生都沒有分別，普施關懷，廣結善緣，遍撒一切菩提的種子，無論是怎樣的身分地位，都願與他們結緣。儘管天氣再冷，身體再疲累，其仍專心看完整場表演，並誠摯地向每個人讚美和道謝。心道法師的慈悲讓眾人均深深感動，並領悟到：對人沒有分別心，把握每一個機會，珍惜每一個眾生，與每一個眾生結下善緣，就是為自己的生生世世種下最好的福田。

「五佛珠線」是靈鷲人的精神象徵之一。靈鷲人手腕上，多半綁有一條穿了五顆圓珠的紅繩，此即所謂「五佛珠線」。五顆珠子代表五方佛，指中央的毗盧遮那佛、東方的阿閦佛、西方的阿彌陀佛、南方的寶生佛，以及北方的不空成就佛，有守護、除障的作用，也代表五戒——不殺生、不偷盜、不邪淫、不妄語、不飲酒，提醒配戴者時時謹守五戒，止惡行善；若紅繩自然斷落就代表厄運化解。每當有信眾找心道法師祈福加持，心道法師便會耐心地為其繫上紅繩。而這短短的紅繩，含蘊了無限的慈悲心，提醒靈鷲人愛護地球、佛心廣遍的衷願。

而「九宮八卦」是一張印著密宗圖騰的卡片，也是心道法師加持過、傳達「平安是福」的吉祥物。蓮花生大士因慈憫眾生在世間的種種障礙，因此特意聚集梵、藏、漢三地破除凶煞的鎮宅安居妙寶而成九宮八卦，靈鷲山教團常以此與大眾結緣。

「九宮八卦」上方中央為佛教密乘主掌智慧、慈悲力量的智、仁、勇三族姓尊文殊、觀音、金剛手三大菩薩；左上方為能令東、西、南、北、東南、東北、西南、西北、上、下與年、月、日、時所組合的時空宇宙一切自在的「時輪金剛咒輪」；右上方為防護一切凶煞、障礙、驅逐不祥的迴遮咒輪。

正中分為三圈：外圈為十二生肖，代表十二地支以紀年的十二種動物，配合天干演化成六十甲子；中圈為八卦（離、坤、兌、乾、坎、艮、震、巽），代表火、地、澤、天、水、山、雷、風八種事物；內圈按龜背的九宮分為九數，第一宮為白色，象徵藥物。第二宮黑色，象徵魔。第三宮碧色，象徵水。第四宮綠色，象徵龍。第五宮黃色，象徵戰神。第六宮白色，象徵君主。第七宮赤色，象徵妖。第八宮白色，象徵地祇。第九宮紫色，象徵火。五行相配，三白屬金，黑與碧屬水，綠色屬木，黃色屬土，赤色屬火。圈外有一怒目、獠牙、捲舌的四手凶神，祂是掌理日月星宿、年、月、日的羅侯，俗稱太歲星君。右下方的咒輪，是一切音聲的韻母及緣起咒，作為增長善緣、福德，吸取天地、日月的精華。左下方的咒輪，是迴遮一切違逆之緣、依陰陽五行成九宮的遮止咒輪。

心道法師觀賞舞蹈後，親自為舞者及餐廳的服務人員綁上五佛珠線、分送九宮八卦來祝福、結緣。

九宮八卦與五佛珠線。

頂禮大佛，無量加持──昆色頗章自然公園
Kuenselphodrang Nature Park

　　在廷布，除了收養孤兒、培育弘揚佛法人才的德千頗章寺外，朝聖者不可不前往朝禮的，還有供養世界最大佛的昆色頗章自然公園。「昆色頗章」（Kuenselphodrang）意為「普明宮」，供奉於此處的世界最大佛像是金剛座釋迦牟尼，象徵以金剛不壞之身為世界帶來和平、喜樂及無量加持。關於建造佛像的功德，依《佛說大乘造像功德經》記載，優陀延王以香木造佛像禮拜供養，建造之聲上徹三十三天而為佛所聽聞。佛不僅讚嘆優陀延王的虔誠信心，並表示道：「若復有人能於我法未滅盡來，造佛像者，於彌勒初會皆得解脫。若有眾生非但為已而求出離，乃為欲得無上菩提，造佛像者，當知此則為三十二相之因，能令其人速致成佛。」可見造佛像功德之廣大。

　　不丹此尊金剛座釋迦牟尼像，據說亦有一段不可思議的緣起，因其早被預言在一位十四世紀的寧瑪派掘藏師多傑林巴（Dorje Lingpa）所發

掘的蓮花生大士的伏藏中。而如今，監造這尊佛像的崔欽徹林仁波切（Trizin Tsering Rinpoche）是一位身兼噶舉、寧瑪兩派教法的上師。他主張平等對待佛教各宗派，方便一切有情行菩薩道，不僅積極在世界各地弘法，更於不丹建造千手觀音寺、於印度建造高一百一十英呎的法身佛塔及釋迦牟尼佛八大塔。

　　此尊殊勝的金剛座釋迦牟尼佛像自二〇〇七年建設至今，目前仍未竣工。待全部完成後，共計將有十萬尊的金剛座釋迦佛貼金小銅像填滿大佛與蓮花座內部，並有兩萬五千尊金剛座釋迦佛貼金小銅像陳列於金剛寶座內三層樓高的禪室大殿牆上。即使仍在建造中，但就目前完成的大佛金身而言，世界最大佛莊嚴之相已令人讚嘆。

供奉於昆色頗章自然公園的金剛座釋迦牟尼，象徵以金剛不壞之身為世界帶來和平、喜樂及無量加持。雖仍未竣工，大佛之莊嚴寶相已令人心生歡喜讚嘆。

在世界最大的佛像前，心道法師帶領眾人一百
零八拜，將潔淨無染的身心全然奉獻。

在此清淨神聖的氛圍下，心道法師帶領眾人虔敬專注地禮佛一百零八拜，將潔淨無染的身心全然奉獻。心道法師並在此開示《心經》法要，諄諄教誨四眾弟子，如何從《心經》中去學習觀照，觀照一切現象的本質都是空，才能產生解脫的生命。心道法師說：「只有看破物質世界種種的虛幻，並放下對物質的執著跟妄想，才能真正找到心的源頭。」心性是昭明、永恆的存在，只要能瞭解宇宙生命的道理，才有覺醒的機會，能夠遠離顛倒和妄念，達到究竟的不生不滅。

禮佛完畢，就在朝聖團要離去之際，心道法師看到地上有一些垃圾，便隨手清理了環境，並向團員應機開示：「明白因果，瞭解人與人之間就是要彼此服務奉獻，彼此的關係才會很好。只要做什麼事都會想到別人，都會去服務別人，這就是生命的福田，也叫做善的循環。我們到不丹最大佛的聖地朝拜時，看到好幾張衛生紙在那邊亂飛，但我們不能讓人家覺得佛教徒這麼不好，所以一定要把垃圾撿起來，不能讓環境被污染。如果遊客一多、到處都是污染，我們還會不會想來這個聖地呢？一定不會。要讓聖地保持乾淨，才能洗滌我們的靈性。」

金剛座釋迦牟尼正面。

　　在日常行儀、處事應對中，心道法師總是殷切叮嚀弟子
「工作即修行，生活即福田」以及「生命服務生命，生命奉獻
生命」的理念。修行就是要將佛法融入於生活之中，用善解、
喜捨、關懷的心去服務奉獻，如果人人都能將生活中的每一分
緣，視如福田般灌溉，並在耕耘中體悟佛法，必然能點點滴滴
存下福慧具足的生命資糧。

繞塔洗罪，祈願和平──國家紀念塔National Memorial Chorten

　　頂禮完世界最大佛，朝聖團來到廷布的代表性建築之一──國家紀念塔。這座佛塔座落於廷布市區南端，是不丹第三任國王之母為完成其子的遺願所建。不丹第三任國王吉美‧多傑‧旺秋是一位仁慈而篤信佛教的國王，他不僅終止了封建制度與奴隸制度、修建公路及醫院，還為了以具體形象表現佛陀的身、口、意而塑造佛像、抄寫經論，可惜在全數完成前便已過世。為了追思這位祈願世界和平繁榮的國王，在他過世兩年後（一九七四年），政府建造了這座紀念塔以完成第三任國王表現佛陀身、口、意的心願。

　　由於不丹國王的願力，造就了真正的佛教聖地，因為不丹國王能以身作則，宣揚、讚嘆佛法，自然而然地，全國人民也一起護持佛法，讓整個不丹國度散發出寧靜和平的能量。

　　國家紀念塔外觀是一座三層式的白色佛塔建築。塔內供奉諸佛像及不丹第三任國王的遺像，塔外則有巨大的經輪。作為佛菩薩的象徵，不丹的佛塔中多裝臟有聖物，虔誠的不丹人民常一邊繞塔一邊念經默禱。根據《右繞佛塔功德經》記載，繞塔不僅可「具足妙色相」、「所住常安樂」，還有了滅煩

一位虔誠的不丹長者手持轉經輪，一面繞塔，一面手轉經輪。

乘載著不丹三世國王表現佛陀身、口、
意的心願的國家紀念塔。

不丹人民常至此，虔誠地沿著白色塔身繞行。

惱、具神通、成正覺……等無量功德。心道法師曾開示繞塔的意義：「塔是三世諸佛的功德，所以繞塔是繞在成就佛法的功德裡面，代表願意跟隨佛陀，做佛的眷屬。我們要常常跟佛在一起，這樣就會有善業、智慧，不會墮落到惡道裡面，我們要發願生生世世都做佛的眷屬。」、「繞塔的時候，心中要念佛、念法、念僧，也就是念清淨、念通達、念覺醒。」

在心道法師的帶領下，靈鷲山朝聖團也加入當地人的行列，與他們一起以順時針方向繞塔祈福，並以手轉經輪。轉經輪中藏有經文，轉動經輪，就相當於念誦多遍的經文，是功德無量之事。

小百科

轉經輪

轉經輪是一種圓柱狀的輪軸，經筒內裝臟有經文，透過人力或風、水等自然之力轉動。關於轉經輪的深層意義，《法華經》曾提到佛陀覺悟後，諸梵王、帝釋天、四天王、大自在天以及其餘的天眾眷屬恭請佛陀轉法輪，但佛陀擔心眾生不能理解，反會引起不信與輕慢。後來，佛陀受到十方佛的勸喻，在鹿野苑為五比丘說苦、集、滅、道四諦，佛典中稱此為「初轉法輪」。而轉經輪正如轉法輪，以人力或自然力不停地轉動，象徵將佛法傳佈到每一個地方。

噶舉祖師，法脈傳承──帕究卓貢西波閉關處
Phajo Drugom Shigpo Retreat Center

由於靈鷲山與噶舉派的深厚因緣，此次朝聖行程中，心道法師特別帶領眾人參訪十三世紀的竹巴噶舉大師帕究卓貢西波的閉關處。帕究卓貢西波喇嘛在十三世紀由西藏來到不丹弘揚金剛乘教法，並與不丹女子結合而於廷布北部的Dodeyna有了七個孩子。某天，帕究卓貢西波喇嘛將他的七個孩子丟入Dodeyna橋下的河水中，以驗證他們其中有誰可以傳承佛法。最終，有四個孩子毫髮無傷地上岸，而他們以後確實均為佛法在不丹的傳承做出了貢獻。

閉關處附近岩壁上，佛像藝術與自然景觀融為一體，散發難以言傳之美。

透過轉經輪，佛法轉動輸出到眾生的心識之中，淨除無明惡業，獲無量功德。許多佛教寺院均設置有轉經輪，如臺灣靈鷲山上有尊面向大海，意喻救度眾生離苦海的「多羅觀音」，其後方即設有觀音六字心咒「唵嘛呢叭彌吽」轉經輪。若在此誠心祈願、禮佛轉經，便能與觀音菩薩相應，獲得不可思議的加持。

國家紀念塔旁的巨大轉經輪，據說，轉動經輪可淨除無明惡業。

連結河水兩岸的木橋上，飄揚著鮮豔的風馬旗，時時以經文之力利益眾生。

帕究卓貢西波閉關處位於廷布北部的Dodeyna。閉關中心附近，山壁上供有許多大成就者的塑像並建有佛塔，風景清幽，林木掩映，令人遙想修行人在此靜坐、頂禮佛像時的景況。靈鷲山朝聖團造訪此處，於此繞塔、供哈達、轉經輪，種下未來修行成佛的種子。而心道法師更借參訪竹巴噶舉上師閉關處的殊勝因緣，應機開示噶舉祖師馬爾巴與其弟子密勒日巴的事蹟，講解密乘上師命弟子做超乎常理之事的用意。

馬爾巴上師生於十一世紀的西藏山南的村莊中，從小，他就依止一位當地的上師入了佛門。馬爾巴上師是密乘的修行者與經典翻譯家，更是噶舉派的祖師。他曾三次赴印度，為了學習佛法而把家產都變賣成黃金。在印度，他向那諾巴等上師學習，不僅得到包括大手印法在內的灌頂與教授，在經典的文字義理和實修上也有所成就。而其弟子密勒日巴，原是一個殺人犯，以降雹等苯教的巫術咒殺迫害他家的仇人。後來為了懺悔，改信佛教，投到馬爾巴門下，得馬爾巴傳授密法。密勒日巴以苦行聞名，早期曾在深山進行長達九年的打坐修煉，立誓若不能成正覺寧可於岩窟中餓死；後來投入四處授徒、教化眾生的活動，常以唱道歌的方式來傳達佛教的義理。心道法師曾在禪定中見到密勒日巴尊者，並受其賜法名「普仁」。在臺灣福隆的靈鷲山，有座供休憩的「聞喜堂」是來山信眾第一個接

觸到的建築，其名即來自心道法師景
仰的尊者密勒日巴。「聞喜」二字是
密勒日巴尊者的本名，因密勒日巴出
生時，他的父親一聽到消息便心生歡
喜，故將其取名為「聞喜」。

行於清澈的溪水中，感受不丹的清淨自然。

　　密勒日巴為苦行出身的實修者。
為了求成佛之法，密勒日巴受到馬爾
巴上師非常多的磨難。馬爾巴先是告訴他：「要麼給你衣食，
你到別處去學法。要是傳你法，你就得到別處去求衣食。」於
是密勒日巴四處行乞，以行乞得來之物供養上師。但得到供養
的馬爾巴上師仍不歡喜，甚至狠狠地責罵密勒日巴。後來，馬
爾巴又命他蓋房子，東蓋一間，西蓋一間，每間都是修到一半
就令他拆除、土石搬回原處。為了搬運石頭，密勒日巴的背如
同驢馬般生了瘡疤。他一度想聽從旁人的勸說離開上師到別處

穿梭於掛有風馬旗的林間，朝聖團前往大成就者的閉關處。

求法，但由於其已依止善知識，不會對上師生起邪見，所以仍不生退轉心，僅悲傷自己若不能得法不如死去。在密勒日巴的努力下，馬爾巴終於認為密勒日巴得到足夠多的苦行，罪業已清淨，因此傳授大手印等密法予他。這些故事記載在密勒日巴的傳記中。同樣為苦行實修者的心道法師亦常以此鼓勵眾人學習善知識修行時的勇氣與耐力。

心道法師曾經談及，為了達到觀世音菩薩的神通廣大、救苦救難，所以他立志學習觀世音菩薩修行。而在實修的過程中，密勒日巴就是他苦行的標竿之一。密勒日巴在山間岩窟中開展了長期苦行，而山洞正是密勒日巴成就最大的地方。心道法師曾自言，正如密勒日巴山洞苦行般，他曾待在靈骨塔十年，那十年奠定了他修行最重要的基礎：「修道要有必死的決心，就像密勒日巴寧死也要修道成功。當初我在塔裡修行也是一樣，修道的人如果不是用必死的心去修，決心就不夠，遲早就會放棄。心不死，就不會成就。」

藏傳佛教特別強調應仔細觀察善知識，並透過觀察的過程，對上師建立起堅固的信心。即便暫時無法理解上師的言行，也絕不懷疑，如此方可完整而正確地接受法教。而為了讓眾人瞭解密乘上師磨練弟子的特異行徑的意義，心道法師應機慈悲開示道：「這是訓練他們（弟子）什麼呢？訓練他們身口意沒有分別。上師說的就是真理，既然是真理，就不要去違逆。因為上師是正道的時候，就完全跟這個世界的一切密合在一起。你照他的說法一直去做，執著、分別心就會沒有了。」

清淨安定，法教無染——札西秋宗Tashichho Dzong

　　廷布省的「宗」為札西秋宗，它位於廷布市區的北端。「札西秋」的意義為「吉祥法處」，「宗」則是舊縣治所在。此座壯麗的宗堡保持不丹傳統建築的特色，白牆、紅瓦、木窗，修建時不用釘子。它占地廣闊，樓高約七層，作為首都廷布的宗堡，它不僅是不丹國王辦公處，也是宗教首領傑堪布的夏宮。每到夏天，傑堪布會率領僧侶在此處居住、修行。而每年八月，更會在札西秋宗的中庭廣場上舉行「策秋」（Tshechu）慶典，以舞蹈紀念蓮花生大士。

札西秋宗身兼國王辦公處與傑堪布夏宮，雕刻精美的大門前有警衛駐守。

　　札西秋宗雖為國王辦公處，卻有僧侶行走其間，不同於一般國家的行政機關，反倒多了份神聖、安定、清淨的氛圍，而這正是不丹這個國家的殊勝之處。不丹的磁場，似乎能讓人沉靜、放鬆，沒有煩惱，也使法教更容易入心。

　　心道法師曾說，聽法時有幾種必須捨棄的態度，其中一種是「雜煩惱」：「『雜煩惱，如毒器過』我們每一個人的心中，都具足了貪、瞋、癡、慢、疑，這個五毒的煩惱並不需要特別地去學習，是與生俱來的。當五毒熾盛時，如果沒有在意，沒有清淨的話，聽法的時候這些心的毒素，會雜染到我們所聽聞的法教。就好像是一個有毒的器具，不論是裝盛什麼樣的食物，食物都會被污染，這是沒有意義的，因為心的器

壯麗的札西秋宗，其保持不丹傳統建築的特色，白牆、紅瓦、木窗，修建時不用釘子。

皿已經受到了污染，不堪使用了。所以我們聽法的時候，要用清淨的心去聽，沒有雜染的心去聽，不要參雜了很多想法，然後變成了有毒的容器，讓整個聽法的意義都變了，歪曲了講法的原初意義，曲解了說法的內容，這是很大的過失。」

札西秋宗內景。

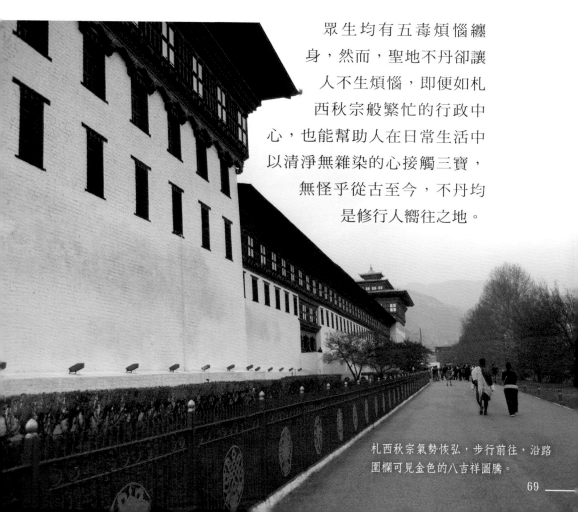

眾生均有五毒煩惱纏身，然而，聖地不丹卻讓人不生煩惱，即便如札西秋宗般繁忙的行政中心，也能幫助人在日常生活中以清淨無雜染的心接觸三寶，無怪乎從古至今，不丹均是修行人嚮往之地。

札西秋宗氣勢恢弘，步行前往，沿路圍欄可見金色的八吉祥圖騰。

鐵鎖橋與國家圖書館

　　朝聖團一路從巴羅前往廷布時，途經一座鐵鎖橋。此一鐵鎖橋是十四、五世紀的「鐵橋喇嘛」湯通嘉波（Thangtong Gyalpo）所建，湯通嘉波為藏傳佛教各宗派共同承認的大成就者，並被人民奉為藏戲之祖。他曾以演出藏戲募集資金，在不丹、西藏等地建造無數鐵鎖橋，造福地方百姓。據當地人說，過此鐵鎖橋可得十年修行。部分朝聖團團員有緣下遊覽車以度過此橋，並在橋頭清涼的岩窟打坐，增長靈明智慧。

「鐵橋喇嘛」湯通嘉波的鐵鎖橋，相傳渡橋可增十年修行。

鐵鎖橋下河水湍急，有了此橋，不需再冒生命危險渡河。

普那卡Punakha

　　普那卡省的省城普那卡是不丹王室及國師的冬都，也是遷都廷布前的首府，歷史十分悠久。早自夏宗法王時期，普那卡便一直是政治與宗教的中心，現代不丹的第一位國王烏金・旺秋一九○七年於此加冕，而不丹人最為敬重的夏宗法王十七世紀時亦於此圓寂。

　　普那卡省地勢低，氣候溫和，水源充足，因此有許多梯田種植水稻，蔬果的產量亦獨步全國。由廷布往普那卡的唯一一

　　而在進入廷布市區前，朝聖團亦簡單參觀了不丹的國家圖書館（National Library）。國家圖書館建於一九六七年，是世界上保存藏傳佛教文學最重要的寶庫之一。其主體約四層樓高，為不丹傳統的白牆、紅瓦、木窗式建築，內部則由木頭建造而成。與一般圖書館不同的是，不丹的國家圖書館除了收藏各類圖書，更特別保存了許多具有文物價值的古老書稿。這些書稿的內容多與不丹或西藏的文化、歷史、文學有關，並有不少珍貴的佛教經文。

世界上最大的書，
為國家圖書館的珍貴
館藏之一。

美輪美奐的國家圖書館，
牆面飾以雕刻精細的巨大
木窗及瑞獸雕像。

條高山公路行駛，可途經造有一百零八座佛塔的多珠拉隘口。而與夏宗法王因緣深厚的普那卡宗及供奉噶舉派瘋行者竹巴昆列的奇美拉康，更是欲親近過往偉大修行者的靈鷲山朝聖團的參訪重點。

雖歷經多次大火、水災、地震等災厄，普那卡宗
仍舊充滿生機，因此顯得份外美麗。

頂禮佛塔，生起信心──多珠拉隘口Dochula Pass

多珠拉隘口位於廷布東方，有一百零八座佛塔密集地建築於隘口高處。從此處向北望，可以遠眺喜馬拉雅山，或因地勢高聳，此處天空似乎特別蔚藍。在這樣的藍天下，遠觀白牆紅瓦的方形佛塔與四周飄飛的風馬旗，其莊嚴更令人心生讚嘆。

這一百零八座裝臟著聖物的佛塔，落成於二〇〇四年，是不丹第四任國王的皇后為國王和國家祈福而造，並用以紀念在南不丹邊境戰勝印度游擊隊的人民。考諸佛典，關於造塔的功德，《摩訶僧祇律》中說：「真金千百擔，持用行布施，不如一泥團，散心治佛塔。」即便是以千百擔的金子來布施，功德也比不上以一個泥團造塔。而《譬喻經》中也舉出十種造塔的果報：第一不生邊國，第二不受貧困，第三不得愚癡邪見之身，第四可得十六大國之王位，第五壽命長遠，第六可得金剛那羅延力，第七可得無比廣大之福德，第八得蒙諸佛菩薩之慈

悲，第九具足三明六通八解脫，第十得往生十方淨土。在在顯
見造佛塔的無量功德。

　　一百零八座佛塔塔身均呈立方形，塔頂則呈四角錐狀。此
種不丹特有的方形佛塔的造型由來不明，但有種說法認為，這
樣獨特的佛塔造型是當年夏宗法王在禪定中所見。朝聖團在此
一邊繞塔，一邊持誦〈蓮師心咒〉。持誦〈蓮師心咒〉「嗡啊
吽班札咕魯貝瑪悉地吽」，其意義是在祈請蓮花生大士，賜予
我佛的身口意和佛的法報化三身一切的成就。由於不丹是蓮花
生大士的聖地，加上靈鷲山與金剛乘的法脈因緣，因此眾人念
誦時不僅感覺更親近上師的身、口、意，也特別容易與〈蓮師
心咒〉殊勝相應。

一百零八座佛塔成橢圓狀環繞。

　　有關與上師身、口、意相應及對上師生起恭敬、信心的重要，心道法師曾教示道：「我們一定要有好的一個上師，要對我們的上師有信心、時常跟我們的上師相應，在一切的事中，常常憶念上師，跟上師在一起，我們才能有覺悟的心、省察的心；有什麼疑難問題，我們才能夠除障。所以跟上師相應，非常重要。如果不相應，往往上師講的話，我們沒有辦法聽進去，也就沒有辦法得到利益。上師講的話，身體所表現的一切戒行，口所說的一切真理，心所想的一切法要，是我們要去跟上師相應的。如果我們沒有上師，就不知道佛、法、僧的重要，也不知道佛、法、僧的真實意，也沒有辦法成就真正的佛道。」

　　心道法師也教導四眾弟子，朝聖的時候，第一不要起煩惱，第二要每天做功課，朝聖最主要的目的，就是要鞏固學佛的信心，而道心的鞏固，要用寧靜來尋求心靈的輕安和快樂，而不是像觀光一樣，到處吃喝玩樂。所以朝聖團員應該無時無刻多念佛號，心道法師說：「大家在朝聖的路途中要時時念佛，例如在車上可以念〈大悲咒〉或是〈蓮師心咒〉，以此能讓較晚接觸佛法的人被我們感動、被我們帶領，讓每個接觸我們的人都能得到善業與佛法，讓每個跟我們學佛的人都能夠得到很大的利益，共同發起無上的菩提心，也就是成佛的心，如此大家都會有功德。」

朝聖團在此邊繞塔，邊持誦〈蓮師心咒〉，祈請早日成就。

兩河交會，鍾靈毓秀——普那卡宗Punakha Dzong

　　頂禮佛塔後，沿著曲折的山路，靈鷲山朝聖團的遊覽車開往有「不丹最美的宗」之稱的普那卡宗。「普那卡」（Punakha）為Pungtang Dechen Photrang Dzong的簡稱，意為大樂宮，夏宗法王到不丹，第一個建立的宗堡為廷布南方的星透卡宗，而普那卡宗為他所建立的第二個宗。歷史記載，一六一六年來到不丹的夏宗法王本是西藏的高僧。從小，他身邊就出現種種瑞相，又能穎悟佛法，因此年紀輕輕便被推舉為竹巴噶舉的主寺——拉隆寺住持。然而，一名當地的首領不服，不僅襲擊拉隆寺，甚至欲奪取拉隆寺聖物——一尊自生觀音像，這促使夏宗法王帶著聖像遷徙不丹，進而統一不丹全國，成為政治與宗教的掌理者。

　　在蓮花生大士的時代，蓮師便曾預言一位喚作南嘉（Namgyal）的人將到一座臥象形狀的丘陵建造寺院。果然，來

普那卡宗緊臨河水，四周土地肥沃、林木豐茂、氣候溫和，故為國王與傑堪布的冬宮。

到不丹的拿旺南嘉（即夏宗法王）在普那卡選擇了一處宛如臥象的丘陵，並將宗堡建立在象鼻尖——丘陵最低處。據說，此處本來供奉了一尊釋迦牟尼佛像，奉命建築宗堡的工匠睡在佛像前，於夢中得到蓮花生大士的啟示，因而順利在一年內建造出美輪美奐的普那卡宗。

普那卡宗外觀一景。

普那卡宗座落於父、母河交會處，兩河水色不同，一色較白代表方便，一色較黑代表智慧，可說是不丹最鍾靈毓秀的地點之一。不丹舊時的政教中心即為普那卡宗，至今它仍是不丹國王與國師的冬宮。歷史上，普那卡宗曾受火災、地震、水厄等數次災難而毀損，但仍屹立不搖，經第四任國王修整後，雖未完全恢復舊觀，卻仍較其他宗堡更富麗堂皇。除了鎏金的大門和

遠觀父、母河，可發現兩河水色略有不同，父河水色較白代表方便；母河水色較黑，代表智慧。

樑柱，建築物內外的牆上更繪滿壁畫與吉祥圖紋，雕刻之細膩令人驚艷。據說，宗內更收藏有一幅繪有夏宗法王的巨大唐卡作為鎮宗之寶。莊嚴的大殿中，供奉著釋迦牟尼佛、蓮花生大士與夏宗法王，而十七世紀在普那卡宗涅槃的夏宗法王，其涅槃後的金身亦供奉在宗內的舍利塔。

普那卡宗金碧輝煌的殿門。

夏宗法王涅槃後的金身，供奉在宗內的舍利塔。

於此殊勝之地，心道法師在不對外國人開放的僧伽修行區與不丹的第二國師多傑洛本仁波切（Dorji Lopen Rinpoche）會面，互獻哈達以示祝福。心道法師更接受多傑洛本仁波切傳授蓮師及成就者貝瑪噶波（第四世竹千法王·白蓮花尊者）修法的口傳，而於會面結束後，仁波切亦祝福朝聖團員在不丹朝聖的行旅中，得到蓮師與夏宗法王的殊勝加持。

普那卡宗內庭，木窗雕刻工藝特別細膩，搭配華麗莊嚴的壁畫，不愧為不丹最美的宗。

多傑洛本仁波切為朝聖團開示，與靈鷲山教團結下善緣。

多傑洛本仁波切表示，此次會面前他便已聽聞臺灣有一位心道法師做了很多弘揚佛法的工作，他認為心道法師是第二佛，意即其與佛有相應的願力，自身成就後仍不停下弘法的腳步。心道法師不僅於臺灣弘法，還不畏辛勞地到世界各地傳播法教，其弟子得以跟隨這樣一位上師，是非常有福報的。此次靈鷲山朝聖團來到不丹，會獲得很多加持與學習，心道法師在這個有很多成就者的地方說法，眾人會更有收穫，是非常珍貴難得的經驗。

多傑洛本仁波切更表示，非常歡迎心道法師的弟子來不丹修行，並邀請心道法師的弟子到與他相關的寺院閉關。他很願意與靈鷲山教團結下善緣，未來一定還有見面的機會。此次靈鷲山朝聖團在不丹期間，多傑洛本仁波切亦將每天修法，祈禱心道法師身體健康，長久住世，並祈求眾人在不丹一切都非常順利平安、有所收穫、所求如願。他希望，心道法師亦為不丹的佛教加持、修法祈禱，讓不丹法脈不斷，佛法永久住世，利益宇宙眾生。

在仁波切的祝福下，靈鷲山朝聖團的團員們身心輕安，旅途的疲憊一掃而空。而其祝福亦彷彿預示著：此次朝聖行的平安圓滿。即便遇到些許障礙，團員也能以正念化解。

瘋狂和尚，陽具辟邪──奇美拉康Chimey Lhakhang

　　參觀過普那卡宗的壯麗，朝聖團轉而接近自然，來到Lobesa村莊的小山丘上，朝禮不丹人求子的重要寺院──奇美拉康。奇美拉康造型簡單而樸實，沒有太多裝飾，其中供奉著竹巴噶舉十五世紀時的大成就者──瘋行者竹巴昆列（Drukpa Kunley）。廟中除了供有竹巴昆列的像，還有弓箭及石製陽具等法器，據說住持可使用這些法器為民眾求子。

　　竹巴昆列自幼受到嚴謹的經院教育，然而，他又超脫經院教育之外，依歸一種以瘋狂來超越理性疆界的密乘實修系統。其不僅放浪形骸，慣以超出常軌的行徑戲謔空有其表的寺院戒律或過度的寺院權力，更常以示現不可思議的癲狂舉動或唱誦具有性意味、述及生殖器的歌謠，來讓人放下傳統的知覺概念，拋棄執著與成見。

奇美拉康外觀。

穿過田間小徑，朝山丘上的奇美拉康前進。

　　根據確真降措仁波切《關於藏傳佛教的100個故事》記載，這位神聖的狂人最讓人津津樂道的奇異故事之一，便是攀上旗竿嘲弄一群虛言妄語的僧侶。某天，竹巴昆列大搖大擺地闖進一座寺院，在眾人驚愕的眼光中攀爬院中的旗竿。爬到竿頂時，其更揮動雙臂發出烏鴉般的叫聲，戲擬僧眾誦經時的神情舉止。此一舉動，讓這些平日備受禮遇的僧侶瞋心大起，開始唱誦經文祈求「惡作劇的乞丐」落下旗竿，而竹巴昆列亦在唱誦中緩緩往下。沒想到，當僧侶持續唱誦，祈求經文的力量讓這「蓄意不良的乞丐」快點落下時，竹巴昆列竟又飛快回到了竿頂，並大笑道：「鸚鵡無法專注，鸚鵡學舌無法瞭解真義！」空有其表者，在竹巴昆列真實心靈的映照下，不得不現出了原形。而竹巴昆列此種不妥協於欺瞞與偽善的崇高形象，也深深留存在後人心中。

　　竹巴昆列與不丹有甚深因緣。他曾造訪不丹，在蓮花生大士留下背印的固結寺閉關修行、以陽具降魔，並在吉祥天母的指示下留下了後代。因此，不丹人相信，竹巴昆列的陽具圖像有巨大加持力，可以降伏妖魔、淨除一切業障，因此常在屋子

民宅、餐廳外牆上常見繪有男性生殖器，此因不丹人相信陽具有保護作用，可避免邪魔入侵。

外面畫陽具以為保護。而廷布的動物保護區保存的不丹國獸羚牛，也是竹巴昆列為了度化這塊土地所示現的神通之一。竹巴昆列知道當時不丹山區的居民冥頑不靈，勢必示現大神通，否則無法讓他們對佛法生信心，也無法調伏妖魔鬼怪。於是，竹巴昆列吃下牛、羊，再把骨頭吐出、併合羊頭與牛身並念誦咒語，說時遲那時快，動物竟活了過來，在草地上奔跑自如。在攝服於竹巴昆列的神通下，當地居民紛紛信仰了佛教。

此次朝聖團參訪的奇美拉康，不僅是供奉竹巴昆列的寺廟，其來歷也與竹巴昆列有關。「奇美」為「無狗」之意，故奇美拉康即指「無狗寺」。傳說竹巴昆列將住在不丹高山上的魔女趕到了Lobesa平原，魔女變成狗逃脫，並讓當地居民告訴竹巴昆列此處無狗。然而，竹巴昆列最終還是成功以佛塔鎮壓魔女，並預言未來會有座寺廟於此處啟建，此即奇美拉康的由來。除此之外，又有一個說法認為，奇美拉康的建造與對上

穿過此門，便進入奇美拉康所屬區域。

師、佛法的虔誠信心有關。傳說竹巴昆列曾教授祈請文給一名老者，但因內容過於粗俗且充滿性意味，妻女不讓他繼續念誦，於是老者只好搬到屋頂上持續修行。一天，妻女未聽到誦經聲，上屋頂一看，老者的肉身竟然消失無蹤！原來，老者對上師和佛法具足信心、始終精進不懈，已修成虹光成就。竹巴昆列聞訊而來，在老者虹光成就處建造佛塔，其後此處又在佛塔的基礎上建立寺院，即奇美拉康。

靈鷲山朝聖團特意造訪此處，並在此朝禮，便是為了親近竹巴昆列這位特立獨行卻又深具慈悲的行者的身教與言教。而故事中老者對佛法、上師法教的歡喜受用奉行，亦讓人想起心道法師曾教示對佛法具足信心的重要性：「我們要對佛法具足

大信心，『信為道元功德母，長養一切諸善法。』『信』是最重要的，一切從信裡面得到感應、得到加持，得到具足的實踐力。」

　　不丹人民對佛法的信仰一心不二，因為虔誠，所以民風單純簡樸，生活少欲自在，這正是不丹快樂的源頭，也造就了一處莊嚴清淨的佛國淨土。心道法師期望這一份純淨能夠好好地保護與維持，因為純淨的地方可以潔淨、提升我們的心靈，而這正是現代人最需要、最渴望的寧靜藥方。

奇美拉康內景與寺內僧侶。

本塘Bumthang

　　本塘的主要產業為農業，到處可見由清澈水源灌溉的綠地及農作物，並盛產蜂蜜、蘋果、乳酪等農產品，是一個清淨又生機盎然的省分。靈鷲山朝聖團從歷史之都普那卡，前往洋溢著自然風光的本塘，途中行經崗頂寺（Goempa）。相傳，蓮花生大士的不丹弟子貝瑪林巴（Pema Lingpa）曾預言此處將出現一座寺院，而一六一三年貝瑪林巴的轉世者果然在此建廟。此廟是西不丹唯一一座寧瑪寺院，歷史悠久，寺內許多由數百年前保留至今的傳統木雕均十分精緻，且藏有蓮花生大士八種法相的塑像以及全不丹最大的轉經輪。

　　本塘與寧瑪派有甚深因緣，許多聖蹟均與蓮花生大士及其所授記的掘藏師貝瑪林巴修行、伏藏與掘藏的傳說有關。而寧瑪派大成就者龍欽巴尊者亦曾於此地的高山上閉關，留下了彌足珍貴的牙舍利。

朝聖團途經崗頂寺，其恢弘與美麗深深吸引眾人目光。

伏藏聖地，風馬祈福——火焰湖Burning Lake

初見本塘的著名聖蹟火焰湖，會發現它並非如想像中的大湖，僅是由磊磊山石建構的谷地所守護的一窪清淨水域，水面並不算遼闊。火焰湖湖水呈綠色，在流動的湖面下，沉澱著一個聞名藏傳佛教界的傳說：蓮花生大士到不丹弘法時，在此湖水中埋藏了伏藏，並派護法神守護，以待後人掘出利益未來有情。伏藏是藏傳佛教四大教派中寧瑪派的特殊傳承，而伏藏的神聖，讓佛子得到更多信心，對佛法的修持更有力量。知名的藏傳佛教史《土觀宗派源流》亦記載：「蓮花生大師及少數具德相大師，為了教化未來眾生，將很多修習共與不共兩種

上有朗朗晴空，下有青木綠水，火焰湖美景，令人讚嘆。

火焰湖由磊磊山石所守護，是一窪碧綠的清淨水域。

悉地的教授作為伏藏埋藏，大力加持，令不失壞，付與守藏護法神掌管，並發淨願，願此法得遇有宿願的化機。若到取藏之時，則先現取藏的預兆，由誰取藏，應將取藏者的名號氏族、容貌等記在取藏的簡札上。若時地與取藏人一切緣會具備，則將此藏取出，以之普傳有緣，稱為伏藏法。」

根據記載，取出火焰湖伏藏者，即蓮花生大士授記的大掘藏師——貝瑪林巴。貝瑪林巴為不丹人，一四五○年誕生於不丹中部的本塘，善於鍛造鐵器。在他二十七歲那年於夢中得到啟示，從湖中取出了一份伏藏經文，並進入寺院修法以解讀經文的涵義。然而，當他依循經文中的指示，再度前往湖中取藏時，卻遭到有些對佛法尚未生起信心的人指控他是騙子。貝瑪林巴為了證實自己確為蓮花生大士所授記的掘藏師，不顧眾人奚落，直

湖邊供奉小型泥塑佛像「擦擦」。「擦擦」以模具製造而成，有寶塔、佛像等造型，用以消災祈福。

火焰湖珍貴的佛像，朝禮火焰湖者常在此供奉潔白的哈達或佛塔、佛像狀的「擦擦」。

接穿著衣服、拿著火把跳入湖中取藏。而當他取出佛像、佛經等寶物重返湖邊，衣物竟完全沒有被水弄濕的痕跡，手中的火把也依舊熊熊燃燒。見到如此不可思議的景象，眾人紛紛信服貝瑪林巴，並稱該湖為火焰湖。至今，貝瑪林巴的法脈仍流傳在不丹。

　　靈鷲山朝聖團來到這個充滿靈氣的聖地，除了在此懷想蓮花生大士與貝瑪林巴的事蹟，還放水燈做迴向，並在湖畔小徑的樹梢掛上風馬旗。朝聖團並在火焰湖邊的洞穴進行禪修，體驗自然與生命間的和諧一體。眾人原本擔心在湖邊洞穴打坐會有遭遇崩塌的危險，但不知為何，一進入山洞就不再生起離開的念頭。身處山洞的當下，周遭特別寧靜，彷彿與世隔絕，特別能覺知心念的活動。此因平時身處人群之中，注意力不會放在心上，感覺不到自己的心是躁動或寧靜，但在山洞時只能與自己在一起，所以最能看到心的相貌。心道法師常常要弟子禪修，因為禪修是學佛的入門，是進入心的門，多禪修，才能寧靜下來，降伏自心，契入空性。唯有在平心靜氣的時刻，才能體會到智慧的相應度。

　　一位參與火焰湖打坐的法師就分享道：過往他曾發願每日至少持誦三百遍〈大悲咒〉，而於火焰湖打坐過後，其願力竟變得如同當時發願時般清晰，也與觀音菩薩的慈憫感覺更相契。不丹不只是個快樂指數高的國家，朝禮其聖蹟也會讓道心更堅固，因為整個不丹就是一個大道場，一個生活化的禪修道場。

　　而在清淨的火焰湖，心道法師與弟子間也有一件應機公案。一位旅居國外的弟子向心道法師道：「平時要見到師父一面就已經很不容易，好不容易能見面的時候，師父旁邊總是很多信徒，雖然想親近師父，又怕讓師父太辛苦！」沒想到，心道法師微笑答道：「要多禪修，從寧靜裡面來找到師父！」此時，眾人忽然明白：在佛法中與上師相應，或許便是此意。

風馬旗

小百科

　　所謂風馬旗，是由藍、綠、紅、黃、白五色絲布製成的經幡，五色代表水、木、火、土、鐵五大元素。經幡上抄錄有經文，諸如蓮花生大士心咒、六字大明咒等都十分常見，依藏傳佛教的觀點，風馬旗上的經文無論天界、凡間、龍宮等處均能誦讀，且誦讀之功德將迴向給掛風馬旗的功德主。

　　風馬旗以風力飄動，據說經文之力可隨風力遠播，淨除惡業，利益眾生。靈鷲山朝聖團於聖地火焰湖懸掛風馬旗，一面注視五色的經幡於風中飄揚，一面心中默禱，虔誠祈願眾生永離生死輪迴，所求如願，速成正覺。

火焰湖畔，巨石間隙形成了許多岩窟，在此禪坐可體會心的寧靜，身心清涼。

在不丹習俗中，掛風馬旗不僅可為生者或往生者積累無量功德，還可避免災難、增強運勢、招來吉祥，因此，不丹境內常可見人民在屋前、屋頂及林木間結上風馬旗，諸如火焰湖等佛教聖地更是掛風馬旗的常見地點。而這些飛揚於空中的五色旗幟，更為不丹的風景增添一抹鮮麗的色彩。

在通往火焰湖的路上，可以看到大量的五彩風馬旗，彷彿預告著將進入充滿靈氣的聖地。

貝瑪林巴，掘藏湖底──壇辛拉康Tamshing Lhakhang

　　離火焰湖不遠，有座名為「壇辛拉康」的古老寺廟，寺內不僅藏有貝瑪林巴親自由火焰湖中取出的伏藏，更保存一件以鐵鑄造，重約二十五公斤的鐵衣。這件由鐵環串接而成的鐵衣是一件佛教聖物，當地人說，披上這件鐵衣繞大殿走三圈，便得以解冤解業。頂禮火焰湖的伏藏後，靈鷲山朝聖團入境隨俗，輪流披戴鐵衣祈願冤消業解、早日成佛。沉甸甸的鐵衣披上身雖重，卻不太會讓人特別意識其重量，反倒如一面保護網，不可思議地令人感受到慈悲的加持力；部分對此地特別有感應的法師與團員，披上鐵衣後甚至淚落不止。

寺院白色的外牆上裝飾以刻有六字真言的瑪尼石。

壇辛拉康外觀。

壇辛拉康內部牆上繪有蓮花生大士及各式佛像。雖然隨時間流逝，壁畫已不復剛繪上時的鮮活，然經時光之手撫摸過的壁畫，其斑駁彷彿亦散發出歷史的陳香，引人駐足觀賞，遙想蓮花生大士的伏藏事蹟，以及聖者掘藏與建廟時的願力與風光。

由鐵環串接而成的鐵衣，深具不可思議加持力，傳說披上鐵衣繞殿三圈可解冤業。

古色古香的壇辛拉康內部。微明的燈光下，古老的珍貴壁畫引人駐足欣賞。

蓮師弟子，南開寧波──── 洛札卡秋寺Lhodrak kharchu monastery

　　除了參訪古老的聖蹟，在風景如畫的本塘，心道法師還特意率四眾弟子拜訪了第七世南開寧波仁波切（H.E. Namkhai Nyingpo Rinpoche）的道場洛札卡秋寺。約莫二、三十年前，第七世南開寧波仁波切發心於本塘設立洛札卡秋寺作為道場兼佛學院，目前共有四百多位喇嘛在此修行與學習，各地亦設有多座分寺。這些喇嘛或專心致志於閉關，或專注於佛學院學習，或負責寺務，處理道場的日常活動，還有一部分是學佛不久的小喇嘛。

　　創建這座道場的第七世南開寧波仁波切，數世前原為蓮花生大士二十五位大弟子中的一位，其不僅為藏王赤松德贊的導師，證得佛果後更有騎乘日光的神通，目前轉世為第七世。南開寧波仁波切的主寺雖在西藏，然其與不丹亦有甚深因緣，第六世南開

為了歡迎心道法師，道場內僧侶手持潔白哈達列隊等候。心道法師在僧侶的盛情歡迎下進入道場。

洛札卡秋寺為道場兼佛學院，目前共有四百多位喇嘛在此修行與學習。

寧波仁波切從西藏流亡至不丹後在不丹圓寂，而此世（第七世）亦在不丹被發現。一九六六年，第七世南開寧波仁波切出生於東不丹，據說其自誕生後便有種種的祥瑞徵兆。五歲時，其受到第十六世大寶法王的認證，並在六歲開始接受正式的佛學教育。第七世南開寧波仁波切幼年便長於閱讀與寫作，對誦讀、默寫祈禱文等的學習尤為快速。及長，又接受多位上師灌頂與口傳，不僅精研佛學、持續修行、照護弟子，更積極往世界各地弘法。

心道法師（右）與第七世南開寧波仁
波切進行關於「明空」的討論。

　　在與心道法師的對談中，第七世南開寧波仁波切表示自己
曾至臺灣靈鷲山的無生道場參訪，但當時未能與心道法師見上
一面。聞此，心道法師特別邀請仁波切日後到無生道場閉關，
並傳法給靈鷲山弟子幫助弟子證悟。

　　尤為難得的是，第七世南開寧波仁波切於此次會面中，特
別分享己身修行智慧經驗予朝聖團團員：「修習我們的心的本
質是什麼，就叫佛教徒。」並指出要成為一個好的修行者，必
須具足三心，即菩提心、專注在主要修行法門上的心以及迴向
心。

　　除此之外，心道法師與第七世南開寧波仁波切亦進行了關
於「止觀」、「明空」的深度對談。心道法師向其請教：「如
何在生活當中保持明空？」仁波切回答：「用放鬆的心保持心

的專注，行住坐臥當中保持心的清楚明白，心要能平衡，不能太緊也不能太鬆。在生活中，心是容易散亂的，但我們要讓心不受干擾。」

兩位大師對談後，一位朝聖團團員向仁波切提問：「臺灣有個導演拍了一部電影叫『少年Pi的奇幻漂流』，裡面有個小孩跟爸爸說，他想同時相信三個宗教，比方伊斯蘭教、基督教、佛教，但他爸爸說不可以。請問仁波切，如果一個小孩這樣問您，您會怎麼回答？」對此，仁波切微笑答道：「我會跟那個小孩講，你就當好一個佛教徒，當你做好一個佛教徒的時候，你同時也是一個很好的伊斯蘭教徒，你也是一個很好的基督徒。」此言一出，眾人紛紛為仁波切話語中的智慧報以如雷的掌聲。而在聽聞法教後，朝聖團向第七世南開寧波仁波切頂禮，感謝仁波切的開示，將依止學習、依止成就，以期受用法教，進而與法相應。

蓮師背印，道心堅定——固結寺Kurjey Lhakhang

　　八世紀時，蓮花生大士曾造訪本塘，於此處的山洞閉關修行，並在岩石上留下背印，此即今日固結寺的由來，「固結」即為「身印」之意。固結寺緊鄰山壁，主體共有三座建築，最為古老的一座保留了蓮花生大士的背印。雖然，固結寺是著名的聖蹟，又由王室所護持，但其外觀卻不過分塑造金碧輝煌的華麗風格，而僅是如不丹常見的寺院般，以白牆紅瓦搭配雕刻精細的木窗。雖然有部分飾以金箔，卻在美麗中擁有平易近人的特色。

　　一千三百多年前，蓮花生大士應本塘當地國王之邀，到本塘為國王治病。後來，蓮花生大士見此處十分清靜，適於修行，便暫居此處的山洞進行閉關。對崇奉蓮花生大士的不丹人而言，固結寺是非常重要的寺廟，也是蓮師把佛法帶進不丹的第一個地方；更難得的是，蓮花生大士修行過後，身體的形象便出現在岩壁上，而此一岩壁上的背印現已由寺院建築包覆保護起來。對於蓮花生大士能在石壁上留下背印的聖蹟，心道法師說，這就是禪修和念力的能量。因為蓮師在空性的止和觀成就淨念相續，一念

與多數不丹寺院相同，固結寺白牆、紅瓦，並擁有飾以金箔的美麗木窗。

萬年，萬年一念，方能達到背印入石的禪修功力。

固結寺外，有一刻有六字真言的瑪尼堆，真言以白、綠、黃、藍、紅等色繪成，顯得神祕而美麗。除此之外，還有一株蓮花生大士手植的松樹（或說其為蓮花生大士的手杖所化）、一泓蓮花生大士加持過的泉水、一塊測試誠心的「試誠石」——只有道心堅定之人，方能鑽過試誠石與地面間的狹小縫隙。固結寺內，則有一座五層樓高的大雄寶殿，殿內供奉蓮花生大士十數公尺高的巨大塑像，並有無數尊蓮花生大士的小塑像。佛殿之中，氣氛平和，佛像大多金身雄偉、寶相莊嚴。即使未有宗教信仰之人，到了此地也不免為沉靜莊嚴的氛圍所觸動，進而隱生向佛之心。在自然天光與微明燈火的輝映下，仰望佛像，便能不知不

固結寺入口處。站在此處眺望遠方群山，令人心曠神怡。

刻有六字真言的瑪尼石堆，具體呈現了不丹人對佛法的虔誠。

仰望莊嚴的蓮師塑像，獻上哈達，彷彿
能感受其對眾生的慈惠。

只有道心堅定，才能鑽過試誠石的狹小縫隙。

蓮花生大士加持的泉水。

覺地沉澱下來、回歸寧靜。而此殿的下層，更有一條狹窄的岩石地道，當地人說，若通過此地道則可將自身的罪孽遺留在外，不再受冤業糾纏。

靈鷲山朝聖團在固結寺頂禮蓮花生大士像，並在佛前供上鮮花素果。而朝聖團到達時，喜逢天朗氣清，心道法師在固結寺進行開示，並引領眾人「靜極生慧」，在寧靜中以禪修開智慧，進一步把握自己的靈明本心。心道法師說：「我們要禪修，學習放棄一切，呈顯本來的大覺。」期望四眾弟子回去後多多參與靈鷲山的禪修活動，透過禪修慢慢回到自己，從寧靜裡看到自己智慧的安定，這是人生最美好的事情。只要心能寧靜下來，智慧就能跳脫束縛，也能展現生命的海闊天空。

心道法師在固結寺進行開示，期望四眾弟子透過禪修找回自己。

在固結寺禪坐，團員都表示心中特別靜定，也特別能感受到聖地的磁場與加持力。即便久坐未起，腿與腳也神奇地不酸不麻，反而徹底體悟到禪修的樂趣。

瑪尼堆

「瑪尼堆」常見於西藏等藏傳佛教盛行處，指一種由大小不等的石頭堆疊起來的石堆，或是由刻有藏傳佛教經文、圖像的石塊堆疊起來的長牆，如六字真言便是最常見於瑪尼堆上的經文。瑪尼堆表現佛陀的身語意，一般用以祈福、禮拜、懺悔、發願，是一種與自然環境融為一體的佛教藝術，粗曠而莊嚴。

降伏魔女，雪域弘法──江貝拉康Jampa Lhakhang

古色古香的江貝拉康，是松贊干布為鎮壓魔女、弘揚佛法所建。

　　朝禮固結寺後，朝聖團又至七世紀的藏王松贊干布所建的江貝拉康參訪。江貝拉康之「江貝」（Jampa）即「彌勒」之意，故江貝拉康若以意譯實際上指「彌勒寺」。此寺院為松贊干布為鎮壓魔女所建，相傳，佛教剛進入吐蕃時，文成公主藉由卜算發現吐蕃的地形宛如一橫臥在雪域上的巨大魔女，而此魔女將阻礙佛教傳播，因此即使首都邏些（今拉薩）為難得的寶地，佛光亦難以普照雪域。為了調伏魔女，篤信佛教的松贊干布偕同妻子赤尊公主和文成公主興建了著名的大昭寺、小昭寺等一百零八座寺院，以此鎖住魔女的四肢、關節、心臟等重要部

江貝拉康入口，木門上繪有象徵「八正道」（正見、正思惟、正語、正業、正命、正精進、正念、正定）的車輪。

通往江貝拉康內庭的門，飾有彩色的經文雕刻。　　供燈如供心，點燈祈福，期許眾人覺察光明本心。

位，使之難以暴起作亂，並以此為弘揚佛法的據點。這些用以鎮
壓魔女的寺院多在西藏境內，其中有兩座則座落於今日的不丹境
內，本塘的江貝拉康則為其中一座。當地人說，這座歷史悠久的
伏魔寺院在古代便十分知名，即如蓮花生大士在不丹時也曾造訪
此地。

　　江貝拉康建廟至今歷經十數世紀，曾多次翻修，如旺秋王朝
的首任國王也曾對此廟進行修整並新增部分建築。此廟外觀古老
而樸實，較特殊的是其以金色屋頂為飾，然亦經過無數次工程重
修。寺中主要供奉彌勒佛，內院則有許多石刻表示四方守護神，
並有一佛塔紀念一位大喇嘛，即旺秋王朝首二任國王的心靈導師
Pentsen Khenpo。

　　在江貝拉康的內部，還可見到巨大的轉經輪以及千盞酥油
燈，心道法師在此帶領大眾一同點燈祈福，期許眾人覺察自身如
燈般光明的覺性。此處有座象徵「過去、現在、未來」的三層石
階，當地導遊帶領朝聖團團員踏上石階許願，於是眾人站上第一
階，心中默默祝禱：願消除過去累生累劫的業障；站上第二階：
祈願此生福慧圓滿，善緣具足；站上第三階：願未來生生世世常
行菩薩道。

登臨高山，頂禮舍利───龍欽巴尊者閉關處
Lonchen Rabjam Meditated Place

　　聖蹟的所在，未必皆是於人力所易達之處，許多聖者為了靜心修行，常選擇在艱苦的環境中離群索居。即如一般寺院附設的閉關房，亦通常是位於少有人至的寺院後山，並僅設有小佛龕與禪坐之處，唯閉關者及其上師可入內。

　　此次，為朝禮寧瑪派的大成就者龍欽巴尊者（Longchen Rabjampa）閉關十年的聖地，心道法師率領朝聖團登上三千六百公尺的高山。然而，此山山勢陡峭，狹窄的山路僅供一人通過，多處路段甚至緊臨懸崖，稍不注意便有跌入萬丈深淵的危險，深深考驗團員們的勇氣與信心。因此，當眾人花費一整個白天而終於登上山頂時，眼見獨自矗立於山上最高處、面臨深谷的龍欽巴尊者的塑像，均不禁心生難以言喻的感動。山頂上如不丹其他聖地般掛有風馬旗，不過，仔細觀察可以發現，飄揚於此高處的風馬旗多已褪至灰白色，可見即便當地民眾亦難以常登上此險峻的高山進行禮拜。思及此，遙想龍欽巴尊者當

「路是人走出來的」，通往山頂的小徑，彷彿具體化了朝聖者禮拜聖地的堅定意志。

龍欽巴尊者的塑像面向懸崖，穩穩端坐在山頂。

年於此荒涼之地閉關的情景，更感佩其莫大的決心與毅力。而
可喜的是，當朝聖團登上山頂，竟有護法老鷹於空中盤旋，彷
彿前來迎接誠心的朝聖者。

　　龍欽巴尊者為十四世紀寧瑪派的大修行者，其博學多聞，
具有無上智慧，是大圓滿法的實證者與論著者。十八世紀的大
圓滿成就者吉美林巴（Rigdzin Jigme Lingpa）曾於禪定中多
次親謁龍欽巴尊者，受到龍欽巴尊者的身、語、意加持，並由
此取出《龍欽寧體》（意為《龍欽心髓》）的無上法門，此一
伏藏法也成為寧瑪派最重要的法要之一。多年前，寧瑪噶陀的
毗盧仁波切便曾多次拜訪臺灣靈鷲山無生道場，完整傳授、灌
頂即身成佛的無上法門《龍欽寧體》、《大寶伏藏》等，心道
法師亦自言龍欽巴尊者是其傳承中重要的祖師。

　　出生於西藏的龍欽巴尊者，其父學識淵博、精通瑜伽，
其母則是空行母化現。據說，他的母親懷孕時，曾夢見一頭眉
間現出一輪紅日的獅子，其光照耀世界，暗示著其子將成為眾
生的明燈。龍欽巴長大後於桑耶寺出家，立志出離生死，而又
因其通達一切佛典，講學之時更能旁徵博引，因此得到博學的
美名。除此之外，龍欽巴尊者嚴守戒律，不貪求世俗享受，能
忍受艱難困苦，長期閉關，以己身之實證修行印證經典，最終
得道。據龍欽巴尊者的傳記記載，龍欽巴尊者的神識回歸法界
後，弟子依經典儀軌焚燒法體，遺留下無數形若穀粒的舍利。
這些舍利一直保存至今，以其殊勝培植福報資糧，利益眾生。

　　一般而言，裝臟了舍利
的寶塔內部不可拍照，甚至
不一定能入內拜見。然此次
在心道法師的帶領下，法緣
具足，朝聖團朝禮龍欽巴尊
者的閉關處後，竟喜逢機緣
得以親見龍欽巴尊者的牙舍
利。根據藏傳佛教的觀點，

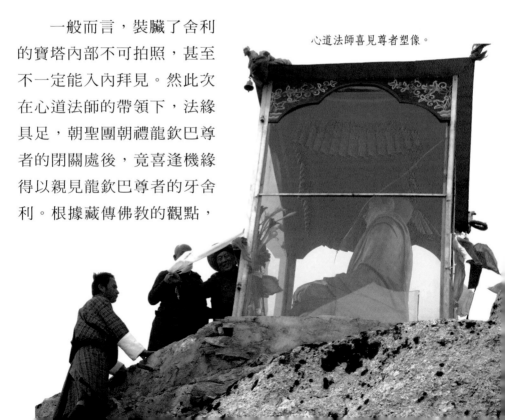

心道法師喜見尊者塑像。

POST CARD

適彼樂土——不丹・朝聖

佛就是覺

覺就是明白

學佛要學釋迦佛的覺悟

也是學對自己覺性的覺悟

～心道法師法語

靈鷲山 www.093books.com.tw

光是見到聖賢的法體，便可得解脫，朝聖團能親眼見證大修行者證悟所遺，實屬難得的機緣。朝禮舍利後，天色已晚，不意此時空中忽如群星墜落，紛紛下起除障冰雹，更添登高朝聖的圓滿。

　　翌日一早，心道法師會晤不丹第一國師—第七十任傑堪布—吉美・秋札仁波切（Jigme Chhoeda Rinpoche）。吉美・秋札仁波切一九五五年出生於不丹，是竹巴噶舉派的大成就者，亦持有寧瑪派一切無上法教的灌頂和口傳。從小，隨高僧突謝仁波切出家，又師承不丹兩大成就者第六十八任國師顛津敦都

下山後，除障冰雹紛紛降下，彷彿墜落地面的星星。

不丹國師吉美・秋札仁波切與心道法師（左）會面，牽起殊勝的法緣。

法王與第六十九任國師給頓仁千法王，專注於研讀佛經、精進禪修、嚴格守戒，最終成為大手印與貝瑪嘎波戒律的傳承持有者，並被推舉為全不丹的宗教領袖。吉美・秋札仁波切慈悲度眾，弘法利生承擔如來家業，每年例行於不丹皇宮主法超度大火供等法會。此外，近代不丹原無專屬於女眾的佛學院，在吉美・秋札仁波切賜一寶地後，才使專屬女眾的「彌勒安尼佛學院」得以成立。

　　此次朝聖團來到本塘，國師剛於不丹東部完成閉關，在往西不丹的途中，與遠道而來的心道法師會面，牽起了兩位大修行者間殊勝的法緣。而隨行的朝聖團團員，也得以一瞻這位具德上師的風采，並紛紛向其獻上潔白的哈達，以表示對國師的無上敬意。

巴羅Paro

巴羅是初次踏上不丹國土的人所見到的第一個省分，當飛機準備降落全國唯一的機場——巴羅機場時，從高空上放眼望去，便可以發現不丹不同於其他國家的特殊之處：山谷中的巴羅機場四周被高山所環繞，山坡上羅列的三三兩兩小屋僅約兩層樓高，舉目所見的綠地更襯托出不丹的靜謐之美。

在機場附近的高山上，肉眼就可看見位於山腰的塔宗博物館、巴羅宗。塔宗博物館整體為白色圓柱狀，上有紅色圓頂覆蓋，呈現不丹傳統的宗堡形式。

從機場可見塔宗博物館、巴羅宗位於附近的山腰上。

通往巴羅宗的木橋，曾為電影「小活佛」的重要場景之一。

　　十七世紀興建時，原作為瞭望臺使用以守衛巴羅宗，但至二十世紀中已被改為國家博物館，並開放遊客參觀。塔宗博物館內收藏三千餘件珍貴的藝術品，包括歷史文物、唐卡畫、不丹特有的郵票……等。而所有收藏品中，最神奇的是一條極長

林木掩映下的巴羅宗近景。

的鐵鍊，據說此條鐵鍊曾在「鐵橋喇嘛」湯通嘉波的手中大顯神通，勾住太陽阻止黑夜來臨。而塔宗博物館的前方為巴羅宗，其建於十世紀，十七世紀時夏宗法王又在原來的建築基礎上闢建了更大的寺院，現為巴羅省的行政中心。

在短暫參訪此處、體驗不丹的人文風情後，朝聖團便來到巴羅國寶級的聖蹟——基秋拉康觀音寺和虎穴寺。

塔宗博物館原本是守衛巴羅宗的瞭望臺，但二十世紀中改為國家博物館。
在通薩，亦有一座塔宗博物館。

基秋拉康內的舍利塔，供奉尊貴的頂果欽哲仁波切（Dilgo Khyentse Rinpoche）。頂果欽哲仁波切曾在不丹傳授法教、監造佛塔，受到不丹皇室與人民一致的尊敬。

觀音百供，慈祐眾生——基秋拉康Kyichu Lhakhang

以金頂為飾的基秋拉康是不丹最古老的寺院之一，主體由兩座寺廟組成，寺院外繞以短牆，守護此一靈氣寶地。相傳七世紀的藏王松贊干布為鎮壓雪域魔女，建了一百零八座寺院制住魔女的要害，而基秋拉康便是鎮住魔女左手的寺院。據說最早寺內供奉有文成公主的塑像，但在一次火厄中損毀。十九世紀時，巴羅地方首長重修此寺，現今廟內供奉的千手觀音像金身便是當時所塑。而不丹王室一九六八年又修護此寺，並加建一座建築，因此，今日的基秋拉康除了供有千手觀音，還有一尊五公尺高的蓮花生大士塑像。莊嚴的寺院氛圍，令每位造訪者一進到寺內，心便被收攝住，妄念頓消，只想沉殿身心，好好坐下來誦經、禪修，讓心專注在平靜、安寧的能量裡。

在心道法師的引領下，朝聖團身著海青，於此聖地共修觀音百供。以鮮花素果供佛，懺悔累世罪劫，眾人齊聲誦持〈大悲咒〉啟發菩提心，祈求與觀音菩薩悲心度眾的願力相應。修法前，心道法師特地開示：「今天我們在觀音菩薩主殿修法，希望我們能夠跟觀音菩薩契心，祈願以觀音菩薩的願力為我們的願力，為利一切眾生成佛而修法。為了利益虛空一切有情眾生，將其安置在永恆解脫、安樂遍智、正等正覺的果位，所以我們在這裡聽經聞法，接受法教，如是生起清淨動機的菩提心。」

心道法師向朝聖團開示：「在此修法希望能夠與觀音菩薩契心，利益一切眾生成佛。」

　　修法圓滿，眾人身心彷彿皆得到洗滌，神清氣爽。而除了修觀音百供，朝聖團亦在心道法師的帶領下供燈。一盞盞亮起的酥油燈，彷彿護祐著眾生，為眾生指明道路，不墜黑暗的三途惡道。據《佛說施燈功德經》所載，供燈功德無量，能奉施善業而使人心安樂：「若彼眾生於佛塔廟奉施燈明，以此奉施所作善業，能獲安樂、可樂之果。」而依藏傳佛教的觀點，明亮的燈則象徵心性朗覺，心如燈般本身便明亮清淨，供燈等同供心。

　　有關藏密「心」與「燈」的對應，心道法師曾開示：「點燈能夠消除我們的業力，增長我們的善法。當我們點下去的時候，彷彿那份心意也綻放光明，呈顯出誠懇、敬意、奉獻、付出的願力，這種緣起會得到好的希望、好的預兆。」在佛前供燈，願力無窮，心道法師期許四眾弟子以度一切眾生的願力，來供養佛、法、僧，如此生命中必然能獲得無量的光明。

蓮師乘虎，神通降魔——虎穴寺Taktshang Monastery

　　朝禮過基秋拉康，朝聖團即前往此行堪稱在體力與信心上
最大的考驗的聖地——虎穴寺。虎穴寺位於巴羅河谷口的塔克
山上，為不丹地理位置最險峻的寺廟，其不僅因與蓮花生大士
的殊勝因緣而成為佛教徒深心嚮往的聖地，奇特的建築位置更
使之聞名於世。這座建造於懸崖峭壁上的寺廟，只可用「鬼斧
神工」來形容。虎穴寺依山而造，與周圍景物融為一體，彷彿
天生自然矗立於山壁，毫無人為造作的痕跡，從遠處望去，寺
體竟似鑲嵌於山壁之中，在工業技術不發達的古代，虎穴寺的
一石一木端賴人工徒手而建，可以想見當時施工之艱辛，更可
領悟不丹子民對佛信心之堅固。

從攀登起始處遙望虎穴寺，寺體彷彿鑲嵌於山壁中。

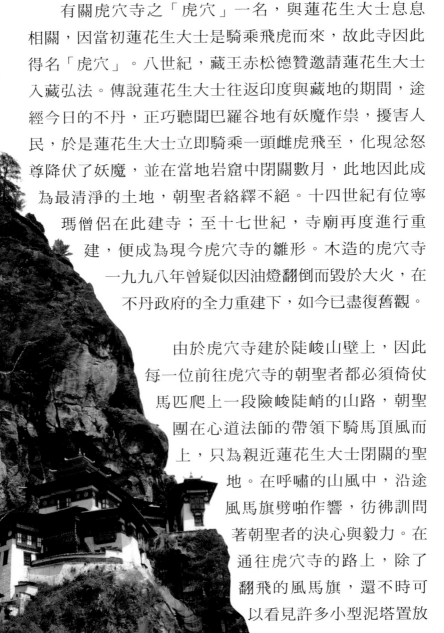

虎穴寺建於懸崖
峭壁上，與自然
景物融為一體，
堪稱鬼斧神工。

有關虎穴寺之「虎穴」一名，與蓮花生大士息息相關，因當初蓮花生大士是騎乘飛虎而來，故此寺因此得名「虎穴」。八世紀，藏王赤松德贊邀請蓮花生大士入藏弘法。傳說蓮花生大士往返印度與藏地的期間，途經今日的不丹，正巧聽聞巴羅谷地有妖魔作祟，擾害人民，於是蓮花生大士立即騎乘一頭雌虎飛至，化現忿怒尊降伏了妖魔，並在當地岩窟中閉關數月，此地因此成為最清淨的土地，朝聖者絡繹不絕。十四世紀有位寧瑪僧侶在此建寺；至十七世紀，寺廟再度進行重建，便成為現今虎穴寺的雛形。木造的虎穴寺一九九八年曾疑似因油燈翻倒而毀於大火，在不丹政府的全力重建下，如今已盡復舊觀。

由於虎穴寺建於陡峻山壁上，因此每一位前往虎穴寺的朝聖者都必須倚仗馬匹爬上一段險峻陡峭的山路，朝聖團在心道法師的帶領下騎馬頂風而上，只為親近蓮花生大士閉關的聖地。在呼嘯的山風中，沿途風馬旗劈啪作響，彷彿訓問著朝聖者的決心與毅力。在通往虎穴寺的路上，除了翻飛的風馬旗，還不時可以看見許多小型泥塔置放

於山洞之中。據導遊說，此種小型泥塔通常放置於具足靈氣之處，用以供佛。

要朝禮虎穴寺頗為不易，唯有依靠虔誠的道心方能克服；即便身體狀況絕佳者，若沒有不退轉的決心及同行團員間的相互幫助，亦難以走完全程。有位團員對騎馬非常恐懼，本以為不可能登上虎穴寺，但因想起心道法師曾叮囑「不丹是蓮花生大士殊勝的道場，須專心持咒才能與蓮師相應。」、「只要有擔心，就要安住在持咒當中。」等語，於是一心遵循心道法師的教示，從一上馬便持咒直至下馬，最終克服心中障礙，安然登上了虎穴寺。除此之外，前往虎穴寺的途中，還發生了一段插曲：有位朝聖團員從馬背上摔了下來，不僅全身疼痛，手臂上也多處擦傷，幸無大礙。此時，隨團的法師立即平撫眾人著急的情緒，請團員共同協助照護、安撫傷者，並勸慰大家要以正

虎穴寺攀登起始處。

前往虎穴寺的朝聖者需倚仗馬匹爬上一段險峻陡峭的山路。

向的心念去面對朝聖時所發生的一
切事情,才是最好的解決方法。在
法師慈悲的護念以及團員的合力照
顧下,受傷的團員最後也努力地走
完全程。她說:「雖然受了點傷,
但是這一摔幫我消了業障!把業障
都摔走了。」

在前往虎穴寺的途中,有一
木造的小咖啡廳,供朝聖者略作休
息並用餐。此處是前往虎穴寺的第
一個折返點,因虎穴寺管制嚴格,

至此瀑布,前往虎穴寺的路程便只
剩三分之一。

若無申請參觀許可證者,便只能於此處遠眺對面山壁上的虎穴
寺,不能再往上行進。朝聖團離開小咖啡廳後,山路益發崎
嶇,須下馬憑雙腳奮力向前。在攀爬過數個陡坡後又順著緊貼
峭壁的山路往下,越過橫跨峽谷的木橋以及山壁上的瀑布並爬
上一段陡峭狹窄的石階後,眾人歷經一番辛苦,終於站在虎穴
寺面前。

木造的小咖啡廳,是前往虎穴寺途中的主要休息站,離開咖啡廳後,須下馬拾階而上。

將至虎穴寺，岩壁間可望見蓮花生
大士弟子伊喜措嘉的閉關處。

虎穴寺雖為著名旅遊景點，然其並非一般的古蹟，而仍具有道場的功能，至今仍有數名喇嘛常住在此修行。
虎穴寺氛圍莊嚴祥和，惜內部嚴格禁止攝影。

　　虎穴寺的主體由層層疊疊的寺院組成，每座殿堂內部陳
設古樸，溫暖昏黃的酥油燈閃爍其中，讓人於靜謐中感受不
可思議的安心。寺內以蓮花生大士為主要供奉對象，在主殿
牆上可以看到繪有蓮花生大士的八種形象及其降伏惡魔的畫，
現今，仍有數名喇嘛常住在此修行。虎穴寺入口處，即蓮花生
大士當年閉關修行的山洞所在，壁上繪有蓮花生大士的畫像與
伏魔修行事蹟。虎穴寺內還供奉有一尊「會說話」的蓮花生大
士像，傳說此塑像原塑造於普那卡宗，某日忽開金口表示自
身不屬於普那卡而屬於虎穴，眾人遵其法旨而將塑像送到虎穴
寺。此外，虎穴寺內並供奉有蓮花生大士的弟子朗千巴吉辛給
（Langchen Pelkyi Singye）。相傳蓮花生大士曾傳授降魔息
災的法門予其弟子朗千巴吉辛給，而此位弟子亦曾於虎穴寺進
行禪修。

小結

　　朝禮虎穴寺後，朝聖團此趟不丹行即圓滿結束。在十天的朝聖過程中，團員對心道法師全心供養和護持，而心道法師也以法來利益眾生。故此次不丹行不僅是朝禮聖蹟之旅，更應證了心道法師所說的「佛法就是讓社會以及人跟人之間有善的循環」。

　　朝聖團此次不丹之行，飽覽歷史人文與自然風光，並將旅遊重心放在朝禮聖蹟、親近覺者之上。通過參訪寺院、瞻仰上師，以及觀察在聖蹟偶遇的不丹當地人民，發現不丹是個完全以佛法教化運行的國家。在這個生活化的自然道場中，人民以宗教為心靈的依歸，沒有太多電子科技產品帶來的物質享受，在當地除了體驗不丹歷史文化的厚度，感受寺廟的神聖氛圍帶來的心靈洗滌，還體會到人民知足的心境。不丹這個國家讓人切實感受到：人若只重視物質的生活，將導致心靈空虛、煩惱，然當感受到心靈寧靜的況味時，煩惱便遠離了。

　　心中覺醒便是佛，心中迷惑時便不是佛。所以，朝聖要處處覺。不管是吃飯、走路，乃至於做任何事情，心都要清清楚楚、明明白白，如同不丹人般簡樸、純淨，平實而珍惜地過每一天。藉由巡禮不丹的機會，眾人注意到不丹人是自然而然地在生活中修行而讓身心解脫、放下，例如幫朝聖團開車的當地司機，即便辛苦地開了十幾個小時的車，依舊快樂而有禮，

從不怨天尤人。不丹的快樂，是由每個人樂觀、正面的心念交織而成，此次朝聖除了朝禮聖蹟、親近覺者，眾人也期望自己如不丹人民般善於保有好的心念，將不丹的快樂氛圍帶回靈鷲山，讓大眾踏入靈鷲山山門時也能有寧靜、喜悅的感受。

　　十天的不丹行，朝聖團團員得以和心道法師及靈鷲山其他法師長時間相處，對上師及佛法也有了更深的體悟與連結。其中，最令人印象深刻的是，朝聖團團員為攀登虎穴寺與龍欽巴尊者閉關處而歷經辛苦，但在抱持正念，同心協力、相互扶持之下，終於登上了三千多公尺的高山。在這樣彼此協助的過程中，每個人都秉持著生命服務生命、生命奉獻生命的善心，這一趟，真正地展現了靈鷲人的實踐力與正向思考力。

　　常常回憶不丹的清淨，是一種心靈洗滌。有了朝聖的經歷便得以體悟：用正向思惟激起樂觀、感恩的心情，並以此對待每件事，便能知足而得到心靈的寧靜。即便身處塵俗之中，也要時時發揮正向的力量、在紛擾中維持自己寧靜的心田。

　　謹以心道法師在不丹的一則公案作結：

　　弟子：「來到安靜的大自然，感受到從來沒有過的寧靜。」

　　心道法師：「知道寧靜的是我們的靈性，寧靜不是來自外面，是來自內在。聽！聽！聽聽自己的寂靜！」

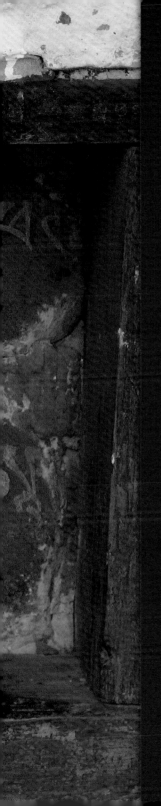

第二篇

心道法師聖地教示

學佛，要學釋迦佛的覺悟

二〇一三年四月九日

於德千頗章寺開示

致謝引言：

很感謝廟裡面的大格西，到飛機場來接我們。這座廟裡面的小喇嘛差不多有兩百七十多個。如果沒有學院、沒有這些下一代，就沒有辦法傳承佛教，為了能夠傳承佛法，利益一切眾生，把小喇嘛扶養到能夠成就佛法事業，這份辦教育的精神很令人敬佩。

佛學院教育是傳承的落實實踐，如果沒有他們這份發心，我們怎麼能夠聽聞這麼好的佛法？所以只要是傳承佛法、利益眾生的事，我們都要護持。在三乘當中，密乘、大乘和小乘都是一樣的，都是讓一切眾生能夠得到福祉與智慧，能夠除去一切生命中的無明煩惱跟障礙。

要消除這些無明煩惱、障礙，就要學習佛法，如果沒有學習佛法，就不能夠轉換貪瞋癡慢疑五毒變成五種智慧與五種德行。佛法，就是為利益一切眾生，讓眾生能夠成就佛道，所以每個人都要發菩提心，利益眾生並傳承佛法。

　　每個人都要能夠發願成佛,這個世界才有希望,如果沒有智慧,整個世界就會變成非常的無明、黑暗、功利,製造戰爭。當人們沒有善業的時候,就會沒有良心,也不會彼此慈悲,製毒、販毒的人就會很多了。

　　例如:當今社會上很多人都在製造毒食物,我們吃的任何東西都很危險。如果人人都有慈悲、都有良心,大家就不會有那麼大的恐懼,所以彼此都要為彼此著想,才能夠生起福報。

要能生命奉獻生命，生命服務生命，才能夠有很好的福祉，而一切的福祉，都是從彼此互相的奉獻、互相的服務來的。

在這個世界上，我們唯一可以做的事情，就是利益一切眾生，這才可以得到一切的福祉。如果不能利益一切眾生，就要承受前因後果。每一個因果，都是我們的言行舉止所造成的，也是我們的福德因緣來的。如果心情好、命運好，就會覺得任何事都會做好；如果因緣不好，就會偷盜搶劫，一切的事情都會發生，正因為過去生沒有種很多的善緣，所以今生才會遇到很多壞緣。

每一個人都是我們未來生命的福田，如果沒有看到這一點，只為了眼前個人的利益在圖謀，那麼到最後，我們會浪費很多今生做人的生命能量，未來世也無法受用今生的福氣。

今生能夠做人是很不容易的，我們在輪迴當中，在那麼多的眾生裡面，好不容易才成為人，如果遇不到善緣，遇不到佛法、三寶，或者遇不到慈悲的事業體，生命就會隨波逐流，把這份做人的時間與學佛的機會白白浪費了。所以，今生我們具足善緣，不但學了大乘佛法，也學了小乘佛法，也學到密乘佛法，佛陀所傳下來的三乘佛法，我們都有機會來供養跟學習。

無事安閒的朝聖

因為前生結了很大的好緣，種了很多的善根，今生才有這麼好的運氣讓我們來學習，所以應該把持著這份善緣，在朝聖當中，虔誠、謙卑地讓自己淨化。

大家來到不丹朝聖，可以欣賞這麼好的風景，內心可以如此無事安閒，又可以體會不同民情風俗的佛教文化。可是有些低頭族（指低頭上網）總是在那裡（指手機面板）下功夫，結果什麼都沒有看到，只看到手機裡面的網路。所以希望大家放假，讓自己休息一下，讓自己的心真的能夠放下一切，能夠安安閒閒的，沒有任何的束縛，讓這趟朝聖是那麼輕安、自然、如意，沒有任何的罣礙。

所謂修行，就是沒有任何的資訊去干擾我們，如果有很多的資訊干擾，我們就閒不下來了。所以網路就是全世界，全世界也就是網路，雖然科學這麼發達，但還是有它的問題，讓人人都閒不下來。

三皈、五戒、加行

密乘的基礎修行，叫做皈依發心，也就是要念〈皈依咒〉十萬遍、大禮拜十萬遍，皈依發心一直拜，最大的用意就是拜到我們甘願做佛的弟子。

　　皈依發心以後就要念〈金剛薩埵百字明咒〉來懺悔業障，〈金剛薩埵百字明咒〉就像〈大悲咒〉一樣，不間斷地念誦，可以把整個業障清除。所謂皈依發心，就是建立對佛的信心，從皈依到發心，即是從基礎去搭橋、造路，有次第地修行，慢慢引導對大圓滿的瞭解。

　　平常我們心量小，不太容易布施、發心，所以在獻曼達時，要把供養的心培養起來。獻曼達就是在練習你的供養心，福報是怎麼來的呢？福報就是給予才來的，喜捨才有福報，所以供養就是訓練你的心量跟供養心，是否能夠喜捨一切眾生。

　　我們供曼達的時候，要觀想供須彌山、供四大部洲，全三千大千世界都供了，雖然沒有實際做，但是心念已經開始連結了，也結了好緣。為了讓你的福報大，讓你跟一切眾生都結緣，從獻曼達可以讓你把心量撐開，不會自私自利，所擁有的一切都可以喜捨供養。

　　再來與上師相應，就要念〈金剛上師咒〉十萬遍。一切的上師，就是包括我們的靈性、覺性、佛性，也是我們的上師。

　　為什麼要學佛呢？因為失去了自己，所以要學佛，把自己找回來。與上師相應，就是要聽從老師的教育。念了〈金剛上師咒〉十萬遍後，就會建立起對上師的信心，這就是學佛的基礎。有了學佛的基礎，才會學到空性的教育，有次第地成就佛道。

學佛法是一個很難得的機會。這個世界有這麼多的無明煩惱，也有不同層次的教育，每個地方，各種宗教，都有它的教育方式，教育我們怎麼樣對別人好，怎麼樣讓周遭的人都能夠得到幫助，這是每個宗教都有的，我們可以從這種良知跟奉獻裡學習宗教的殊勝。

一般學佛，是從三皈依開始，就是皈依佛，皈依法，皈依僧。佛就是覺醒的意思。覺是什麼呢？佛是覺悟者，覺悟到一切都不迷惑了，擁有正知正念，所以我們學佛，就是要學釋迦佛的覺悟，也是學對自己覺性的覺悟。

佛就是覺，覺就是明白，要跟著釋迦佛的教法，不斷依止佛的學習，反覆地薰陶，直到你能夠發現你的覺性。釋迦佛也是從覺去醒悟，然後成佛。所以每一個人都有覺性，應該要好好地學佛，讓自己能夠醒覺。

「法」是什麼呢？教導我們怎麼去覺悟的方法，就是「法」。經藏教導我們怎麼去學習，怎麼去瞭解，怎麼去洗滌我們的不覺悟，讓我們能夠從不覺悟轉換成覺悟，這叫做「法」。如果可以覺悟，雜事就少了。所以要常常向佛陀「問候」，如何才能少欲少煩惱。

僧，就是帶領我們學習法而能夠覺悟的人，是我們的老師；還有一些人雖然沒有出家，可是學習到很好的法，這些都叫做「善知識」。所以：「佛」是我們的願景、目標，「法」

是我們學習的方法，我們如何用佛陀的經驗、方法，來覺悟自己、覺悟他人，並請僧眾、善知識來引導我們。

做一個佛教徒，皈依三寶是基礎，就是要止惡行善，我們要學習在生活裡不要去傷害到別人，自己也不會被傷害，所以要謹守五戒，第一是不殺生，這不但對別人、對眾生是好的，對自己也沒有結惡緣，又做了善緣。第二是不偷盜，不做搶劫的事情，還要常常做布施。

第三是不邪淫，也就是夫妻在婚姻中信守承諾，彼此有一個保障，讓家庭、孩子，以至於整個社會都是良性循環。一個家庭如果夫妻關係很好，子女就會非常孝順、優秀，所以家庭的和樂，是孩子教育的根本，夫妻的和合，做好榜樣讓孩子能夠對社會、國家做出好的貢獻，到哪裡都是優秀的。

第四是不妄語，就是尊重每一個人、不欺騙每一個人，不妄語是對人的一種尊重，想要獲得別人的信任，就要做個如語者、實語者、不異語者，不可以欺騙別人。我們做佛陀的弟子，不能欺騙一切眾生，因為未來每一個眾生都會成佛，你曾經欺騙過佛，業障就會很長、很遠。

第五戒是不飲酒，腦袋要保持清楚明智，不要讓自己時時刻刻都不清楚，做了什麼事情都不知道。一個智者沒有含糊的時間，隨時都明白因果。喝了酒會讓你失去理性，障礙智慧。所以我們不要迷失在酒裡面，不要讓腦袋隨時迷惑。

　　這五戒就是一個佛教徒應該做到的最基本的戒律。可是有很多人不敢受五戒，有人說：「我不受戒沒事，受了戒就產生一堆事情。」但是不受戒就沒有過失了嗎？不受戒照常有過失！受了戒，就會有個記憶，受了這個規條以後，就會慢慢去習慣、去做，所以不要怕受戒，慢慢地就會做得很好。

　　我們要以「諸惡莫作，眾善奉行，自淨其意」為根本的淨戒，遵守五戒就是最基本的自利。學佛要常常薰陶，例如「朝聖」，常常禮敬佛寺就是一種薰陶——清淨的薰陶跟無染著的薰陶。在朝聖的時候，要讓自己清淨，不要去染著很多的貪瞋癡，朝聖時最重要的就是不生煩惱。

　　從五戒到十善，十善到菩薩戒，還有八關齋戒也要持受，這一路都是一個薰陶。短期出家也是很好的薰陶，短期出家會深植在我們的記憶體，是對未來的生命薰陶。今生雖然不能出家，但是未來還是有清淨的基因。

　　出家三寶，是給一切眾生學習與接觸，所以要注意出家應該做哪一些事情；在家的人則是要護法，做好護持三寶、恭敬三寶的事。希望大家朝聖愉快，身體健康，無障無礙。要多做功課，經典可以幫助我們攝心，平常可以多念〈大悲咒〉，念《普賢行願品》來堅定願力，念《金剛經》可以把什麼障礙都掃空了。所以多做功課可以得到戒定慧的加持。

心中常念佛、法、僧

二〇一三年四月九日

對不丹朝聖團（文殊團）開示

　　不丹是一個佛國淨土，在金剛舞的表演中，含藏著息增懷誅四種法門的利益功德，「息」就是息滅一切災障，「增」是增長一切善業，「懷」是讓一切眾生都能夠喜歡你，「誅」就是去除一切障礙無明。所以在不丹這麼純潔的地方，享受到寧靜的生命的建設。

　　現在開放中的國家，到處都是卡拉OK，已經看不到不丹這種具有民族特色的舞蹈了。我們以前跳的那些民族舞蹈，現在大概都少了。到處都充斥著人心的欲望，充滿著撒旦的魔力。當我們內心清淨、簡樸，沒有那麼多的誘惑，那才是真正的快樂和享受，也是我們必須守護的。而社會上這些誘惑，會讓我們失去了很多的生命意義和價值。

　　所以學習佛法就是找到生命的意義價值，生生世世可以經營管理自己生命的福祉。如果沒有不斷地自我的薰陶跟善緣的環扣，就不易鞏固自己淨潔的心、守護自己光明內在的快樂。

　　在朝聖期間，我們要盡情地讓自己全心投入學習跟參拜，不要有歪七扭八的思想。當我們在朝聖的時候，很多業障會現

前，所以要多拜佛，盡量懺悔跟參拜，如此大家就一定能吉祥平安、健康快樂。

我們心中要常常念佛、念法、念僧。念佛就是念覺知、覺醒，而所謂的醒就是不貪執，念法就能解脫，念僧就可以清淨，所以生活中就要有這三個念，在觀察事物的時候要覺醒、要離相、無所住。希望在朝聖期間，大家心情都很好，虔誠洗滌一切的障礙跟垢染。

種植生命的福田

二〇一三年四月十日

對不丹朝聖團（香港團）開示

朝聖就是慰勞靈性

朝聖團裡有來自內地和香港的團員，大家能夠聚在一起，緣分真的是非常好。學佛就是要廣結善緣、止惡行善，尋找生命的方向跟目標，否則就不知道生命的價值到底在哪裡？一般人的生命價值往往就是錢，錢雖然可以買很多東西、做很多事，可是卻無法解決我們心中的寂寞。每個人終究要獨處、思考，於是熱鬧過後就會覺得寂寞、空虛，因此生命還是需要靈性的回歸，回歸到靈性的信仰層面。

我們都必須有一個相同的目標，那就是去找到生命的歸宿，而錢只是生命中的附屬品，它讓我們可以生活不虞匱乏。所以，錢是讓我們活下去用的，而生命的目標卻不是拼命去賺錢！更何況生死無常，那些拼命賺來的錢，我們可能都用不到。所以正確的價值觀是什麼？是靈性的價值觀？還是物質的價值觀？這是我們應該要去思考的。

生命怎麼樣才會快樂？就是要找到生命的共鳴。而所謂生命的共鳴，就是生命彼此之間的相互認同，例如我們共同沐浴

在同一個民族所產生的文化傳統與思想之中，並在裡面產生共同的認同價值，然後傳承到下一代。這樣就是生命代代繁衍的意義。所以，教育下一代不能只教他會賺錢就好，或者只教他活在這個世界上什麼都要很強，但卻沒有一點文化與生命禮俗的傳承，甚至找不到靈性的慰藉。若如此，這樣的生命就是一個機械式的生命，這是沒有意義的。

朝聖，就是慰勞我們的靈性。朝聖是朝什麼呢？大家到了不丹，是不是覺得這是非常乾淨的一個國度？不論看到什麼地方都很乾淨，因此我們的心念也會變得很乾淨。不丹沒有污染，跟大自然完全結合在一起，不像繁華的城市，都和吃喝玩樂的事物連結在一起，感覺生命都被關在城市裡，身心也變得很沉悶。

我們的靈性必須找一個安靜的地方，來到不丹，我們的靈性就自然安靜下來，因為不丹位處山林之中，而且每座山看起來跟人都是這麼樣地親切，沒有壓迫感。不丹山明水秀，地理又好，當地人喝了這裡的山泉水，所以生長出來的小孩，容貌都很清爽，人人臉上都帶一點笑容，不會感覺到貪瞋癡那麼重。朝聖是什麼？朝聖就是讓心靈清淨，讓靈性好好修養。只要我們的心乾淨，到什麼地

方都乾淨；心若是不乾淨，到哪裡都是煩躁。所以來朝聖就要放下，讓自己休息、讓心靈能夠得到一個空間，不要被煩躁綁住，以致對朝聖沒有一點感覺。

皈依無漏的五戒

要讓靈性休閒，不被綁住，就要有信仰。信仰就是人生的生命、人生的歸宿，活著的時候，我們歸宿到五戒、十善，皈依止惡行善，慢慢地提升學佛的人格，也就是不殺生、不偷盜、不邪淫、不妄語、不飲酒，這是學佛的一個基本軌則。我們學佛一定要依循一個標準，而五戒就是保護自己和他人的準則，讓生命產生一個好的規範。

法律的規範是有漏洞的，但是五戒沒有漏洞。不持戒就沒有福報，有持戒就會有善業、有快樂、有福氣，所以良善循環的生命不只是被法律管，而是要被自己的良心管，如此自己就會反省、會覺醒，會知道正確的人生方向。明白因果，瞭解人與人之間就是要彼此服務奉獻，彼此的關係才會很好。只要做什麼事都會想到別人，都會去服務別人，這就是生命的福田，也叫做善的循環。

我們到不丹最大佛的聖地朝拜時，看到好幾張衛生紙在那邊亂飛，但我們不能讓人家覺得佛教徒這麼不好，所以一定要把垃圾撿起來，不能讓環境被污染。如果遊客一多、到處都是污染，我們還會不會想來這個聖地呢？一定不會。要讓聖地保

持乾淨，才能洗滌我們的靈性。

除了維護環境，我們還要尊重生命，不要看到動物就想吃牠們。所以學佛首要就是要找到靈性歸宿的地方，也就是覺醒的生命、不貪染的生命。如果我們沒有找到覺性，就不會反省，到處只想佔有，而我們的生命應該是給予而不是佔有。

以「法」管住心

來朝聖，就是來淨化身心靈，對於吃得好不好、睡得好不好不要太在意。如果一計較，那就叫做來享受，而一旦有享受的心態，就污染了靈性的快樂。所以，在朝聖中不要太計較，我們是來朝聖，不是來觀光。朝聖的時候心要清淨，讓內心所發起的一切都是美的、好的，不要煩惱叢生讓運氣變得不好。一旦朝聖，我們就會進入聖人的境界，所以要有慈悲心、愛心和平等心，這樣回去以後事業就會順利，工作就會舒服，心情上也會超越很多的煩惱。而這也是我們為什麼要學習佛法的原因，因為佛法可以淨化我們的心靈，讓彼此之間友善、和好。

到不丹朝聖，可以用什麼來把我們的心管住呢？「法」。今天要教大家的就是法，如果沒有學法，我們就不曉得怎麼對付自己、怎麼生福氣。例如〈大悲咒〉就是法，有了它就像口袋有了金錢，什麼事情都不用怕，因為錢可以解決很多問題。我們有了〈大悲咒〉，世間一切煩惱障礙，都可以處理了，〈大悲咒〉就是除障礙、增智慧、讓愛心圓滿，是相當好的。

師父從一開始學佛就是效法觀世音菩薩，一路走來只念〈大悲咒〉，因為師父是念舊不喜新，一輩子就持這一個咒。

所以大家念咒不要朝三暮四，要好好地持。持了以後有什麼感覺呢？師父行腳全世界，總是有這麼多人與師父友善交好，不論是什麼教徒，都願意跟師父友好和善，我覺得這都是〈大悲咒〉的力量吧！所以我把〈大悲咒〉介紹給大家、傳播給大家，大家在朝聖團中碰上了就是有緣，所以要一起來結這個佛緣。能夠把〈大悲咒〉背起來是最好了，這個咒可能一生都用得著，大家就費一點心、用一點意，不要有所懷疑，如此絕對對你有幫助。學佛要修法，才會轉變我們的身心世界、氣質與心量，還有對世間種種的觀念，讓我們增智慧、有慈悲。

《心經》：行深般若，澈見空性

二〇一三年四月十日

於昆色頗章自然公園開示

　　《心經》，是佛經裡面最普遍，也是大家最容易記、最容易背的經典。這是講觀音法門的一部經，內容是講我們的靈性如何才能夠逍遙自在。

　　想要靈性能夠自在，就是要做一門功課，叫做「行深般若波羅蜜多」。「行深」就是反覆地做，「般若波羅蜜多」就是空性的智慧。空性的智慧可說是一門透視學，當我們透視物質的時候，可知物質是由微細的分子組合而成，因此物質世界看似有，實質上是沒有。從現在的科技，也就是從量子力學來說，一切的物質都是粒子的組合，但粒子世界的本質是虛空，所以，起心動念非常重要。

　　「般若」就是觀照，觀照就是透視，透視物質無論有形或無形，都是不可得的。因為當物質本身被分解時，就沒有一個東西可得，只要是看得到的東西，都像夢幻泡影般不真實，此與《金剛經》所講的道理是一樣的。

　　所以《心經》講的「行深般若波羅蜜多」，意思就是要反覆地去觀照有形的東西。為什麼要觀照呢？因為這些有形的東

西是我們歷生累世的一個慣性。我們對物質世界相當地執著與貪戀，沒辦法割捨，所以物質世界讓我們的生命很不自在。我們的心念與物質之間，是一種相對關係。

　　如何讓自己能夠自在？就是心念不要去貪住物質世界的虛幻，因為一切都是短暫而不實際的。《金剛經》告訴我們，「般若」是什麼？「一切有為法，如夢幻泡影，如露亦如電，應作如是觀。」物質世界就像露水、像夢、像影子一般，它沒有實質感。如果我們這樣去看待物質世界的種種，欲望就會減少，當我們欲望減少的時候，就能跟靈性愈來愈靠攏，看破物質世界種種的虛幻，也能夠放下對物質的執著與妄想。如此，我們就能真正找到心的源頭，也就是心性。心性是一個昭昭明明、永恆的存在，你刻意要找它，卻從來都找不到；你不找它，卻又可以使用它，而且想怎麼使用都如你所願。

　　我們的心念會附著在每一個現象裡面，附著在任何一個物質上，並由此產生觀念跟想法。而這些觀念跟想法，就是存在我們內心的種子，也就是記憶體。起心動念會造作物質世界的存在，而這些存在就是我們的生命，也是儲存我們生命的一種基因。

　　所以一切貪著，都會變成記憶體，在記憶體裡面，生命之間彼此的靈性、彼此的記憶又相互環扣，造成一個相互連結的記憶體網絡，然後跟著無明妄念的生滅變成一個流動性的生命。這些記憶體的環扣，導致彼此生生世世的迷惑關係。

　　有人說我們的命運被安排了，是誰安排的呢？就是你的記憶體安排了你的命運。記憶體就是我們的靈性，在天地還沒有形成以前，我們的靈性就已經存在，並且與物質相搭配。除非你超越了物質，才能夠得到真正的自在；若不能超越物質，就會被物質的種種變化所牽制，產生七情六欲，而這就是我們的感性生活。

　　如果耽溺在感性生活中，我們就是一個充滿妄想、妄念的生命。因為身處於七情六欲裡面，所以我們就會很不自在。想要身心自在，就要能夠觀照到一切現象的本質都是空，物質的存在只是因為分子組合的關係，是因緣和合的關係，它不是一個永恆的存在。

　　緣生則生，緣滅則滅，物質是時間與空間的變化造成。我們從物質上去觀照，慢慢地觀照到最後，就會發覺彼此都是一個空的體性。靈性也是一個空的體性，找不到它的存在，也找不到它的形象，它是一個空的存在。

　　物質的本質也是空，在這個物質上，之所以會有種種不同的表現，讓我們產生差別的觀念，都是從分別意識來的。我們的意識去分別這些現象的好壞，變成我們的想法，並從這些想法裡產生生命的差別，產生種種的選擇。有了選擇以後，就形成要與不要、貪與瞋的得失問題。

　　從得失的問題裡，我們往往產生很多罣礙、取捨，所以要觀照《金剛經》裡的四句偈。想要懂得《心經》的「行深般若波羅蜜多」，就要反覆地去看世間「一切有為法，如夢幻泡影，如露亦如電，應做如是觀。」以此去觀照到無我相、無人相、無眾生相、無壽者相，觀照到它們的本質都是空。

　　觀照五蘊—色受想行識—的形成也是因緣和合，是不可得的。能夠空這五蘊，才能度一切苦厄。色與空的關係，就是色即是空，空即是色，空裡面可以含色，色裡面也可以含空，色空是不二的。要明白這個道理，才能瞭解何謂「觀自在」，也就是沒有障礙的意思。

生命本來是沒有障礙的，因為我們妄想執著、見相取相，所以才產生了罣礙，要觀照才能解脫。觀照般若才是修行，佛法有所謂的文字禪，然而文字般若並不是修行，只是一個觀念而已。光靠觀念是無法解決問題的，充其量也只是妄想。

當我們開始觀照的時候，就會慢慢進入實相般若，也就是進入不虛幻的世界。在虛幻中找到不虛幻，在不虛幻中含攝一切的虛幻。我們不改變這個世界，但是我們在世界的真理的核心中活著。所以《心經》就是告訴我們怎麼去觀照，然後產生解脫的生命。

觀五蘊皆空了以後，就可以看到色空不二的道理，從這個道理瞭解什麼叫做空。空中沒有生滅，不生不滅，這才是永恆的生命。不生不滅、不垢不淨、不增不減，這個世界原本就是這樣，我們從來沒有改變它，只是用觀照的方法而得到這份真實的領會。那麼，觀照般若要做到什麼樣的程度，才叫做真正的觀照呢？

「色即是空，空即是色。受想行識，亦復如是。」要在生活的感受裡面，具足五蘊皆空的體會，並且體會到色不異空，空不異色的生命本質，再從這裡慢慢地回頭看我們的這個身體。「無眼耳鼻舌身意」，就是觀照到我們的眼耳鼻舌身意是空的，所以身體也是虛幻，不是真實的存有。「無色身香味觸法」，相對性的色身香味觸法因此也不存在。簡言之，在般若的觀照下，是沒有相可得的。

　　從沒有相可得裡面，才有「無眼界」，無眼界就是沒有現象可以讓我識別。無眼界，才能夠「無意識界」，因為我們的心念沒有現象可得，也明白沒有現象可見，所以意識活動就沒有任何的作用。因此，我們沒有無明，也沒有生死。又因為沒有生死，所以也無所謂智慧可得，這樣才能夠遠離顛倒的想法與妄念，達到究竟的不生不滅。

我們在探討宇宙實相的時候，如果能瞭解生命的道理，就有覺醒的機會；若是不瞭解生命的道理，只能陷入累劫的生死輪迴，受困於無明煩惱。所以，師父希望大家常常禪修真正去體悟，讓我們一起：深呼吸，合掌，放鬆，寧靜下來，讓我們的心回到原點。

依止正道，遵循真理

二〇一三年四月十日
於帕究卓貢西波閉關處開示

　　蓮花生大士是一位把印度佛法帶到西藏的大修行者，在他之後，又有一位從印度將佛法傳到西藏的大修行者馬爾巴。馬爾巴的師父是那諾巴，那諾巴是那爛陀寺著名的僧侶，什麼佛典都讀，對佛經相當精通。

　　那諾巴在拜師的過程中吃了很多苦頭，他的師父是帝洛巴，帝洛巴是個很搞怪的老師父，為了測試那諾巴的心性，就讓那諾巴做了二十四種苦行：叫他跳樓，他就跳下去，還摔斷了骨頭；又叫他去搶別人的老婆，結果被人追打，差點去掉半條命；有一天，他師父要過河，那條河水布滿吸血蟲，帝洛巴就命那諾巴趴在河水的石頭上讓他踩過去，結果吸血蟲都吸附在他的身上，那諾巴就暈倒了。又有一天，他師父把他抓起來，拿出草鞋揍他一頓，就在那一瞬間，那諾巴開悟了。

　　這些看似不可思議的行徑，是要訓練那諾巴什麼呢？訓練他身口意都沒有分別，不去違逆上師所說的真理。真理若是正道，就會與這個世界完全密合在一起，而如果能一心遵循真理而行，就不會起分別心與執著。因為這樣長期的訓練，那諾巴

才會在受第二十四次訓練的時候，被帝洛巴拿起鞋子一敲，就忽然開悟了。

　　至於馬爾巴，也是費了九牛二虎之力去印度尋找他的師父那諾巴，最後透過眾多考驗將法傳給弟子密勒日巴。密勒日巴將整個法融會貫通，造就了噶舉派，而密勒日巴的弟子岡波巴，則將法傳到現在，使噶舉派一直興盛不衰。噶舉派為什麼經得起考驗？因為密勒日巴長期在山洞裡修行，最終得到證悟，擁有很大的加持力，他的弟子們在修行時也很能吃苦耐勞，所以可以修道成功。

契入空性得解脫自在

二〇一三年四月十三日
於壇辛拉康開示

產生良性循環的伏藏

　　蓮師曾在湖底留下一些珍貴的經書、普巴、法器和佛像，並派護法守護這些伏藏。從火焰湖底拿出來的三尊佛像，具有神聖的磁場與能量。為什麼要把這神聖的伏藏取出來呢？因為掘藏的時間到了，很多與伏藏有緣的眾生就會起信，就會用心學佛。所以，掘藏是為了讓大家生起信心。

　　所謂的伏藏，就是讓眾生良性循環的聖物。我們的心本來有很多妄念，對佛法起信以後，就會種善的因果，造福眾生，形成良善的循環。

　　一個人的修行成就需要經過千錘百鍊，才能達到磁場的平衡與安定。當我們凝望佛像，心就靜下來了，很自然地呈現三摩地的境界，也就是一種安定的感覺。所以說，聖物能夠加持我們趨入寂靜與穩定。為什麼佛像能夠和我們產生相應呢？如果我們的心沒有回到原點，跟萬物就不會契合、不會相應。但如果每個人能夠找回自己的本心，就能與萬物融為一體。

禪修找心，證悟空性

為什麼我們要修行、要生起菩提心？為了成就、為了利益眾生。如果不修行，就沒有辦法述說真理，但若修行證悟以後，就能把佛法敘述得非常清楚，讓眾生得到好的學習成果。

沒有修行證量，就無法將真理說清楚，充其量只是一種揣測。就好像吃蘋果，沒有吃過的人，沒有辦法描述；吃了蘋果以後，就知道怎麼描述。證悟就是可以把佛法描述得很好，可以以心印心地將真理相繫在一起。證悟的時候，對一切眾生才會有永恆的愛心，而這個愛心就是宇宙核心─空性─的成果。

宇宙核心的成果，就是愛心，我們的空性本體所產生的愛心是最重要的東西。因為進入空性之時，我們就會解脫、快樂、自在、安穩，沒有干擾，這樣的愛心是無我的、無私的，是遍滿的慈悲。但尚未證悟的時候，我們就會自己干擾自己，或別人干擾自己，有很多問題都不明白，對世間生命充滿迷惑，並產生很多罣礙和煩惱，造成人與人之間貪瞋癡慢疑五毒的惡性循環。

如果能夠證悟到空性，生命就會遍撒慈悲的種子，所以禪修非常重要，因為禪修是證悟的捷徑。禪修如果沒有掌握正確的方法，就無法契入空性。找不到心，無論學佛再久也等於是門外漢，如同瞎子摸象般摸不到重點看不到真相。

　　禪修是學佛的入門，也是進入心的門。如果心沒有寧靜下來，禪修就不可能產生效益。所以我們在朝聖當中，一定要平心靜氣，在平心靜氣當中，去體會自己與空性智慧的相應。

萬年一念、一念萬年

二○一三年四月十三日

於固結寺開示

修持就是還我本來

我們來到固結寺朝聖，看到蓮花生大士的身形印在石壁上。為什麼蓮師可以把身形印在石壁上呢？由於禪修、由於念力。所謂的三昧力，就是反覆地在空性的止與觀中成就淨念相續，萬年一念、一念萬年。能夠達到此種程度的時候，我們就能像蓮師一樣，把身形印在石壁上。

在神聖的伏藏傳承裡面，必然有守護伏藏的護法。即便在伏藏取出後，無論未來發生任何變化，祂們依舊守護著伏藏。而若將來緣盡，伏藏就會被收回。所以伏藏的神聖，在於讓我們得到更多信心，對佛法的修持也能更有力量。

所謂的修持，就是還我本來。大家現在是誰？也許你們認為這個身體就是「我」，也許你們認為「我」除了身體以外沒有別的，事實上這個身體只是覺性顯現的地方。因為有身體，我們得以在行住坐臥裡顯現覺性的廣大靈感；從生住異滅裡看到心性—靈性—的長遠，看到永恆不變的明空體性。輪迴是隨

境而轉、隨境接境，輪迴在每一個顯見的境界裡面。當死亡來臨的時候，眼耳鼻舌身這五識都不管用了，只有第六識「潛意識」貯藏了你跟一切眾生的記憶體，而這個記憶體如同一個大倉庫，連接到每一個眾生的記憶網絡上。

廣結善緣，培福植慧

記憶體會互相環扣成為彼此的緣分，而彼此的緣分有善、有惡，有不善、有不惡，有的時候會成為夫妻，有的時候會成為父母，有的時候會成為子女。在記憶的導覽下，我們的生命就像演戲一般，擔任什麼角色就演什麼樣的戲。這一齣戲碼演完的時候，下一齣戲就要準備上臺了，而我們的記憶體，就是整個生命舞臺的導覽者。因此，我們應該要注意身口意的行為，這些行為會儲存在記憶體中，進而造成未來生命的果報變化。

身口意所造的惡業，包含「身三、口四、意三」。「身三」就是身體不能做殺、盜、淫等三種傷害他人的事情，殺、盜、淫會造成生命的傷害，並在記憶體裡儲蓄不好的東西。「口四」就是妄語、兩舌、惡口、綺語等四種最容易犯的言語行為，妄語是不誠實的話，兩舌是挑撥，惡口是罵人，綺語是不恰當的言詞，而這些不好的行為都會儲存在記憶體裡。每一個人的生命，都是記憶彼此、相互錄製而成，所以我們要注意如何創造未來美好善緣的再生生命。至於「意三」就是貪瞋癡，貪心和瞋恨會造成彼此的惡緣，癡就是對煩惱的迷惑與執

著。貪瞋癡會造成生命中不好的記憶，所以應該轉換貪瞋癡為慈悲、布施、智慧，有次第地學習佛法，學習如何讓身口意的惡業轉成善業與智慧。我們要仔細管理、經營生命的福祉，在生活中讓記憶體進行良善的錄製。

「諸惡莫作，眾善奉行，自淨其意，是諸佛教。」這是佛陀基礎的教育，如何讓心不起惡念呢？我們的行為源自過去生的慣性，而很多慣性都是來自於身口意，來自於我們的記憶體，所以我們常常會重蹈覆轍，沒有辦法改變自己的習慣與固執。因此，必須要禪修、念咒、讀經，讓壞的種子得以轉換成慈悲喜捨的種子。若是智慧通達便可以破愚癡，慈悲便可以破瞋恨心，布施則可以破貪心。要多做有益的事，投資福慧的種子，在善業中顯現我們的覺性，讓我們靈性達到大圓滿成就。

我們一切的因緣果報來自每個人的記憶體，就是種子、基因，所以我們在這個基因種子上，要開啟覺性、自性與智慧，斷除輪迴生死的按鈕，並以此去打開生命的善緣。我們的生活圈，就是福慧開展的地方，如果不加以珍惜，這一期的生命就白白浪費了。因為時間每天流逝，如果不珍惜每個機緣，機緣就會流失，生命也就無法擴展善業。若生命延伸到惡緣，就會產生對立性；如果延伸到善緣，生命就會得到貴人相助、一切順利成功。善緣就是福德因緣，過去生「眾善奉行」，產生了善的循環，所以今生才有那麼多的福氣幫助你成功。

從寧靜中見到智慧的安定

　　生命是基因的組成、是心念的呈顯，只要念頭清淨，就是無罣無礙；念頭不清淨，就會產生執著、煩惱與取捨。因此，我們要禪修，學習放棄一切，呈顯本來的大覺。什麼是呈顯本來的大覺？就是要放下心所沾黏的現象。我們的心常常喜歡在一切處沾黏，所以一切處都是我們心念的勾集點。一旦勾集上，就會物化，就會沉淪在成住壞空、生住異滅、生老病死的現象中。而一旦不黏著這些東西的時候，我們的自性本來就清淨沒有什麼生滅，所以原本空寂無住的體性也就呈顯出來。禪修的時候，要止在一切的回歸、觀在一切的本來。大家朝聖圓滿後，也要常常學習禪修，靈鷲山有舉辦三日禪、七日禪與二十一日禪，大家要慣性地去參與，讓師父慢慢地引導大家回到自己。禪修是人生最美好的事情，不管你在什麼地方，只要有緣環扣上了，就會成為一個很好的連結，也會因此成就生命的善緣。

　　希望大家在朝聖過程中，可以從寧靜裡看到自己智慧的安定，靜極生慧。大家在莊嚴的聖地，就要讓心寧靜下來，讓智慧跳脫束縛。當智慧不受束縛的時候，生命也就海闊天空了。

靈鷲山觀音法門傳承

二〇一三年四月十五日

於基秋拉康開示

　　今天我們在觀音菩薩主殿修法，希望我們能夠跟觀音菩薩契心，祈願以觀音菩薩的願力為我們的願力，為利一切眾生成佛而修法。為了利益虛空一切有情眾生，將其安置在永恆解脫、安樂遍智、正等正覺的果位，所以我們在這裡聽經聞法，接受法教，如是生起清淨動機的菩提心。在修學一切正法之前，如理地生起正確的動機來聽聞法教，是不可缺乏的。因此在法會之前，要發起廣大清淨動機，也就是我們的菩提心。

　　今天的法會內容是以十一面觀音為本尊，修法之前，先為大家講解靈鷲山觀音法門的傳承。此一觀音法門，是我多年來閉關的方法與體悟，也是噶陀莫札法王所傳授的圓滿教授。

　　一般而言，密教的修法需經過上師的口傳、灌頂、教授，才能真正進入正行的修持。今天的法會屬於觀音的共通前行，這個修法需要累積十萬遍以上的〈大悲咒〉才能進入觀音生起次第的修持，也就是觀音本尊的生起次第。未來，靈鷲山每年農曆六月十九日觀音成道日，將舉辦觀音法會的灌頂，讓大家都能夠修持。

十一面觀音生起次第的修行，就是循序漸進、有層次地去修，達到圓滿的次第。靈鷲山的生起次第的觀音法的傳承，是由錫欽寺毗盧仁波切所傳授。七世紀時，觀音菩薩所化現的藏王松贊干布廣造佛像，而由松贊干布的眉間又化現出比丘阿噶瑪帝，比丘阿噶瑪帝後來從印度迎請了由蛇心旃檀木所雕塑而成的十一面觀音聖像到西藏。

此後，松贊干布還埋藏了關於大悲觀音生起次第及圓滿次第的各類成就法，將這些法埋藏在羅薩幻化宮殿當中。密乘中有所謂「教傳」與「巖傳」，而密乘的巖傳，就是神、鬼或人將法教藏在虛空、水中或是石頭裡，並交由護法神守護，等到機緣成熟，就會有人將之取出。松贊干布埋藏了觀音法門，所以此法是由人、神、鬼一起保護、傳承下來的。其目的，是為使未來的弟子能夠受持而解脫，離苦得樂，並能夠發觀音菩薩的願，行持觀音菩薩的慈悲喜捨。

松贊干布當時為了迎娶漢地的文成公主，派遣他最信任的大臣噶旦巴去迎請。臨走之時，松贊干布為噶旦巴舉行了耳傳大悲觀音、千手千眼觀音以及顰眉度母的灌頂、口傳、教授等一切的教法。迎娶途中，噶旦巴經過多康邦奔的大樂白崖，此白崖下方有一個像鰲魚張口的崖洞，而噶旦巴將他所獲得的大悲觀音法要，全部埋藏在崖洞中作為伏藏，此法因此延傳到現在的法脈。

　　松贊干布埋藏觀音法門之後，又有藏王赤松德贊從印度迎請蓮花生大士、堪布菩提薩埵（寂護）來藏地弘法，在藏文史籍中，他們同稱「師君三尊」。當時，蓮花生大士傳授了很多的法門給西藏的弟子，其中有一位叫做朗秋袞久炯內，蓮花生大士授記這位弟子，未來轉世將會成為伏藏師龍薩寧波，並且會將埋藏於大樂白崖的十一面大悲觀音的生起次第與圓滿次第的一切法教發掘出來，並將依據這些觀音法門修行，利益廣大無量眾生。而龍薩寧波也是靈鷲山所傳承的法脈之一。

　　龍薩寧波降世之後，依據蓮師的授記，從大樂白崖取出十一面觀音的法藏來修行，圓滿成就自利利他的法教，並且將這些法要傳給成就自在虛空海。成就自在虛空海將法要傳給吉美新炯，接著再傳給久美欺汪秋珠等等的噶陀派大師，這一系列觀音法門，就是十一面觀音，或者是千手千眼觀世音菩薩的

修行法門。而龍薩寧波的前世朗秋袞久炯內師從蓮花生大士也獲得一面二臂形象的本尊,是更密無上大悲觀音法門。

　　在龍薩寧波傳承裡,有兩種大悲觀音的傳承。一種就是更密無上大悲觀音法門;另外一種是耳傳大悲觀音十一面觀音或是千手千眼觀音的傳承。由於大悲觀音千手千眼成就法,既是教傳也是巖傳,因此我們稱其為耳傳。這兩種傳承,師父都已經從毗盧仁波切處獲得圓滿完整的傳授。

　　希望大家朝聖能夠開啟靈性的智慧,讓貪瞋癡慢疑五毒能夠擺平、轉換。要轉換五毒就要修持,怎麼修呢?〈大悲咒〉多念,「阿彌陀佛」多念,「觀音菩薩」多念,還要多禮拜,多懺悔,多做禪修,隨時提起修行的心,就會得到很大的相應。希望大家都能夠平安健康,傳承做善事的心,接軌智慧與慈悲。靈鷲山的傳承有很多來自不丹,因此大家只要多祈禱,這些歷代傳承大師會給我們很大的力量。

極樂世界就在你的心中

二〇一三年四月十五日

於基秋拉康開示

　　所謂大圓滿，就是修心的相貌。當我們修心的時候，就會返老還童，擁有永遠不老的相貌。

　　虹光身成就就是心物合一，物質跟心不二。虹光身成就者可以將物質轉換成能量，身體只會留下頭髮與指甲，其他通通化成紅色的光，進入極樂世界。心物的大能量就是虹光身，而修心的法叫做大圓滿、大手印，這都是屬於心的成就。

　　佛法是修什麼呢？修心。心又是什麼？我們有一個肉團心，但肉團心是心的辦公室，不是真正的心。還有一種攀緣心，就是我們的心會跟著境轉，就像看電影，以為電影裡面的情節都是真的，其實那只是現象，並不是真正的心。只有靈覺心——意即能夠知覺的心，才是真心，所以我們要修這個真心。找到心就會找到真理，心就是宇宙、宇宙就是心，當認識心的時候，就會瞭解宇宙。

　　佛法講的三藏十二部，都是講心、講佛性、講覺性，因此朝聖就是要找見證，讓自己可以去實踐修行、學佛的路。千年佛法為什麼可以在不丹傳承得這麼好？這其中一定有我們可以學習的地方，而這才是朝聖的意義。

　　學佛就是學心，心是極樂世界，找到了心，極樂世界就在你的心中；找不到心，心就到處亂跑，跑到不長久的地方。唯有了悟自己心的淨土，才是最長久的。在尚未修證到心的面貌以前，你可以先進入極樂世界修行，最後修證成佛。但如果不進入極樂世界，就必須經歷累生累劫的輪迴生死，在貪瞋癡的慣性之中難以成就。學習佛法就是要找心的出路，找修道、證道的出路。

　　修什麼道呢？修心之道，也就是要學習如何找回心的正路。我們在不丹這個密乘的佛教國度，看到佛法被保存、傳承得很好，有很多聖蹟、成就者和伏藏，可讓我們參拜、見證，也讓我們可以獲得對修道的信心。

　　朝聖是朝心，我們來朝聖不要吱吱喳喳、吵吵鬧鬧，要好好地寧靜下來，好好地去體會。若是誠心誠意、虔誠地朝聖，便可以與大成就者相應。希望大家攝心觀照，虔誠地相應於諸佛菩薩的加持，體會佛法的智慧與慈悲。

朝聖要朝善業，朝佛法智慧

二〇一三年四月十六日

於虎穴寺開示

　　朝聖最重要的是什麼？就是虔誠與決心。即使前往聖地的路再難走，山再陡峭，我們也一定要意志堅決地爬上去，這就是信心的考驗。

　　我們在旅途當中，不要對物質環境太過挑剔，過得去就好了，因為不丹最近才開放觀光，許多服務品質還未完善，所以大家不要太計較。朝聖團裡有不少七、八十歲左右的老菩薩，爬那麼高的山，腳力卻都很厲害，可見意志力是很重要的。

　　不丹是一個古老的佛教國家，有非常多神聖的地方，蓮師在這裡修行、度眾、弘法降魔、傳承密教，造就了不丹這個磁場清淨的國度。不丹的密教有兩個教派最為盛行，一個是竹巴噶舉的傳承，一個是寧瑪噶陀的傳承，而師父的傳承也都在這個地方。

　　希望大家朝聖要一路正念、誠心、懺悔、禮敬，學習一切的神聖。聖者可以使我們得到見證，進而使我們對佛法起信。所以，大家要效法這些大成就者，虔誠地去朝禮這些修行得道的人，使自己能夠堅持學習佛法。

朝聖主要就是要鞏固學佛的信心，希望大家能逐漸從一地、二地到十地。道心鞏固只要到八地以上就不退轉了，所以常到聖地朝聖，就能鞏固我們的道心。要鞏固道心，就不能把朝聖當作觀光，而是要盡量從寧靜中去尋求快樂，不要只顧著吃喝玩樂。大家在朝聖的路途中要時時念佛，例如在車上可以念〈大悲咒〉或是〈蓮師心咒〉，以此能讓較晚接觸佛法的人被我們感動、被我們帶領，讓每個接觸我們的人都能得到善業與佛法，讓每個跟我們學佛的人都能夠得到很大的利益，共同發起無上的菩提心，也就是成佛的心，如此大家都會有功德。

如果朝聖中無明煩惱一直生起，感覺這個也不如意，那個也不如意，朝聖就不會圓滿如意了。一旦開始起煩惱，回去之後煩惱會更多，所以在聖地要時時修行，學習將煩惱放下。朝聖不是朝煩惱，而是要朝善業、朝佛法的智慧。所以大家每天早上都要頂禮佛、法、僧，如此才可以消災解業，無障無礙。

每天一定要做功課。朝聖的時候，第一要注意的是不起煩惱，第二要注意的就是每天做功課，第三則是要好好注意健康，如此才能有好的身體，順利走完朝聖的行程。

師父的一分禪和九分禪，到哪裡都可以坐一坐。常常禪修，心才會被降伏，只要念頭正確了，一切都會安全；若是念頭稍微打結了，就要趕快懺悔。祝福大家一路順風，能夠得到祖師們的加持、諸菩薩的加持，開啟智慧與慈悲。

對佛法一心不二

二〇一三年四月十六日

於虎穴寺受訪

問：請問靈鷲山與不丹藏傳佛教的法脈淵源？

心道法師：不丹是以寧瑪與竹巴噶舉占多數，而靈鷲山又與竹巴噶舉及寧瑪有特殊的緣分。例如與靈鷲山長期往來的竹千法王就是竹巴噶舉，他的父親毗盧仁波切和我的關係非常深厚，既是我的上師，也是我的朋友。不丹擁有非常純淨的密宗傳承，在這個傳承之中，不丹完整保存著西藏純淨的佛教。

這次來不丹朝聖，第一要朝禮聖人的足跡，如蓮花生大士等成就者就是我們所崇拜與學習的模範，也給了我們修行道上很好的見證。所謂聖地，就是見證佛法之處，我們學習去認識他們的修行與成就當作修道的樣本。例如這次來不丹參拜了龍欽巴尊者的閉關處，大家不但一路堅持爬到山頂上，並且進行了禪修，雖然參拜後感覺腰酸背痛，但是所有人都心甘情願。我的上師毗盧仁波切傳授我龍欽巴的法，因此，龍欽巴的系統和龍薩寧波的系統都是靈鷲山的傳承。在不丹拜訪這些成就者，總能讓我們震撼並感到佩服，因在這種難行的苦行當中，這些成就者給了我們完整的學習榜樣。

　　過去我們雖然不太認識不丹，也不清楚密乘佛教在不丹的狀況，但當認識之後感受便會很深刻。因為不丹每個地方都妥善保存了千年以上的佛教傳承聖蹟，整個國度給人的感覺非常純淨，讓我們能有一個學習佛法的聖地，所以此次朝聖非常值得珍惜。

　　問：來到不丹朝聖，和到其他聖地朝聖有什麼差異？來不丹應該要怎麼做功課，怎麼修持？

　　心道法師：朝聖就是朝聖者，這些聖者的修行之地現在都成了佛教的聖蹟，且多是千年以上的古蹟，有很強的加持力。例如不丹的夏宗法王，從西藏到不丹建國、弘法，而歷代的國王也跟隨夏宗法王的步伐，在如此陡峭的山林裡，建立了藏傳佛教的系統，讓密乘弘揚得很好，確實是不簡單。

　　這次靈鷲山的朝聖行，不丹方面有大幅的報導，我們應該也為不丹祈願，祝福不丹國泰民安、佛法恆傳，雙方在未來建立好的連結。

　　問：來到不丹，有什麼讓您印象深刻的事？

　　心道法師：我們到不丹朝聖，連結了非常好的法緣和善緣，不但拜訪了大國師和二國師，也看到不丹的佛法教化，瞭解不丹人民對世界、對人類的看法以及對佛教的體悟。我們希望可以加強與不丹的互動交流，彼此在佛法接軌。不丹這個國

家以佛法作為他們的快樂指
標，人民以簡樸、純淨、單純
的心過生活，可以說，不丹人
民在簡樸、簡單的修法裡面，
讓身心完全解脫與放下，所以
不丹人民的物慾不高，而且對
佛法的認識非常貼切。他們對
佛法的信仰一心不二，而且對
佛像時時不忘恭敬禮讚，實在
是一個很好的佛國淨土。

其他佛教國家像緬甸、泰
國……等，現在都慢慢開放，
可能以後會不及不丹的純淨。
所以，我們來到這個地方，絕
不要亂丟垃圾，也不要破壞這
個地方的純淨。純淨的地方可
以潔淨、洗滌我們的身心靈，
提升靈性的品質，所以不要把
物質文明世界中不好的文化例
如吃喝玩樂、嫖、賭等帶到不
丹。同時，也祈願這個世界能
從物質文明，提升到精神文明
的層次。

附錄 朝聖前行功課

不丹地處喜馬拉雅群山之中，百分之九十八的國土都是山地，其中百分之二十六又被規劃為國家公園保護區，自然資源深受政府嚴格的把關，再加上不丹人民普遍信仰佛教，誦經、念佛之聲處處宣流，禮佛、修行已然成為不丹人生活的一部分，使得不丹在純淨的山林中處處呈現一種靈性之美。

想前往不丹這個佛教聖地與高原國度，先瞭解當地風土民情是不可或缺的前行功課。以下從最基本的日常生活──食衣住行，做一簡要的介紹與行前提醒，帶領讀者以輕鬆慢活的腳步，認識這個美麗的國度。

飲食

不丹的飲食特色是重辣，餐餐必有辣椒，在不丹，辣椒不僅是調味品，更當作蔬菜來食用，因為不丹地處高原，在過去，當地人常食用辣椒取暖，後來便逐漸成為不丹特殊的飲食文化。在不丹農村，常常可見到整串紅紅綠綠的辣椒，到處懸掛在牆頭或鋪在屋頂上曝曬的景象。

在不丹街頭，少有販賣小吃的攤販，建議旅客可以隨身攜帶一些乾糧、泡麵等，以備不時之需。另外，也要避免生飲自來水，因為不丹大部分的水資源都未經過淨化處理，生菌量高，為了安全，請飲用礦泉水。

放在地上曬乾的辣椒。

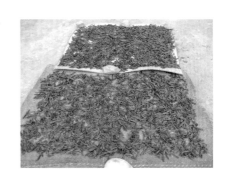

路旁的蔬果攤。不丹人喜食辣，故賣蔬果的攤位上常見一筐筐的辣椒。

衣著

　　在不丹，十二月至二月是冬季，三至六月是春季，七至九月是夏季，十至十一月則是涼爽的秋季。一般來說，避開夏天的多雨時節，春、秋二季是最適合造訪不丹的時刻，氣候舒適宜人，平均溫度約攝氏二十度，外出只需要攜帶一件薄外套即可。若前往高原城市，因早晚溫差大，白天日照強烈，需要準備太陽眼鏡、帽子等防曬用品；夜晚氣溫驟降，需備妥足夠的禦寒衣物。喜歡徒步旅遊者，最好穿著一雙舒適且具有保護腳踝功能的靴子，以便能在寒冷及崎嶇的山路上行走。

　　此外，因為不丹是佛教國家，再加上民風保守，請勿穿著緊身衣物或短褲短裙，尤其是參訪當地行政機構（宗）或寺廟時，請穿著長袖衣物和長褲；而在進入有懸掛不丹國旗的建築物時，記得脫下帽子，表示尊重和敬意。

販售手織布的店面，不丹的手織布通常以基本圖案排列組合成不同的花紋。

住宿

　　由於不丹為了保存傳統文化與維護自然景觀，因此並不像其他觀光國家大量興建飯店，在數量有限的情況下，要前往的旅客必須先訂好住宿，簽證才會核發下來。

　　去不丹旅遊，無論人數多少，都必須透過當地旅行社代辦，由旅行社安排司機和導遊全程陪同。為了以價制量，不丹政府規定，在旺季時（三、四、五、九、十、十一月），超過三人以上的團體，每人每日最低消費須支付二百五十元美金；在淡季時（一、二、六、七、八、十二月），每人每日須付二百元美金，這筆費用包含了食宿、交通、導遊等。若是兩人同行，每人每日另須多付三十元美金，若選擇一人遊，則每日須多付四十元美金。

　　一般來說，旅行社安排的住宿品質皆有三星級的水準，大部分飯店都提供wifi的服務，不過，仍有些小型旅館設備較簡易，盥洗用品可能也不齊全，建議旅客最好準備個人習慣的沐浴清潔用品。

一般來說，旅行社安排的住宿品質皆有三星級的水準。

陸路

　　不丹全境森林覆蓋率達百分之七十二，平均海拔約三千公尺，為了生態保育，也受限於地勢，不丹全境至今尚無鐵路建造，主要的交通工具是汽車和步行。不丹全境幾乎皆是環山公路，各個景點的車程有些甚至長達三至六個小時，為避免舟車勞頓，可自備暈車藥等常用藥物。

　　少數人因為在短時間內無法適應高海拔的環境，可能會引發頭痛、噁心、倦怠及呼吸困難等高山症狀，因此在攀登高山前，不僅要穿著保暖，也要避免飲酒及食用容易產生氣體的食物或飲料，或是先服用高山症預防用藥，登山途中適度地休息，都能降低高山症發生的情形。

在不丹，主要的交通工具是汽車和步行。

其它事項

◎攝影：不丹有些宗、寺廟和修道院是不允許入內拍照的，因此在拍攝前，請先徵詢是否可入內攝影，以免觸犯禁忌。

◎禁煙：不丹二〇〇四年宣布全國禁煙令，商店禁止販售香煙，居民也不能在公共場所抽煙，違者將被重罰。

◎購物：不丹最受歡迎的伴手禮，多為手工編織品、雕刻成各種動物形狀的面具，還有蜂蜜、乳酪等農產品，以及精緻的佛教唐卡和極具特色的郵票等，這些紀念品在各大城市藝品店皆有販售。

◎攀登虎穴寺：有段路程須騎乘馬匹，注意不可站在馬後，以免被馬匹踢傷。

攀登虎穴寺，注意不可站在馬後，以免被馬匹踢傷。

郵局所販售的郵票與明信片，常以不丹國王、佛教圖騰與知名寺院為主題，因其製作精美而大受集郵者歡迎。

精美的面具，是宗教慶典中不可少的物品，也是絕佳的伴手禮。

參考資料

* 王輔仁，《西藏密宗史略》，臺北：佛教出版社，1985年3月。

* 尕藏加，《吐蕃佛教──寧瑪派前史與密宗傳承研究》，北京：宗教文化出版社，2002年11月。

* 朱在明、唐明超、宋旭如，《不丹（Bhutan）》，北京：社會科學文獻出版社，2004年12月。

* 竹慶本樂仁波切著，江翰雯、林胡鳳茵譯，《狂野的覺醒　大手印與大圓滿之旅》，新北：探索・三部曲，2008年12月。

* 何南輝編，《關於藏傳佛教的100個故事》，臺北：宇河文化出版有限公司，2008年7月。

* 杜繼文主編，《佛教史》，南京：江蘇人民出版社，2006年1月。

* 波卡仁波切（Bokar Rinpoche）著，楊書婷、黃靜慧譯，《波卡仁波切談度母》，新北：財團法人靈鷲山般若文教基金會附設出版社，2009年9月。

* 拉喇・索朗曲珠著，李學愚譯，《龍欽巴全傳：發現雪山的全知法王》，2012年2月。

* 林麗珍，《不丹快樂的王國》，臺北：聯想國際行銷有限公司，2009年1月。

* 胡之真，《蓮華生大士傳》，臺北：新文豐出版股份有限公司，1994年5月。

* 查同杰布等著，張天鎖、王沂暖、張新安譯，《藏密大師》，拉薩：西藏人民出版社，1997年4月。

* 格西・格桑嘉措著，崔忠鎮譯，《大樂光明》，臺北：文殊出版社，1988年。

＊措尼仁波切（Tsoknyi Rinpoche III）著，劉婉俐譯，《大圓滿生活》，新北：財團法人靈鷲山般若文教基金會附設出版社，2009年9月。

＊黃紫婕，《我在幸福之地‧不丹》，臺北：商周出版，2012年1月。

＊華熱‧索南才讓，《話說藏傳佛教唐卡藝術》，西寧：青海民族出版社，2009年3月。

＊慈誠羅珠堪布，《揭開藏傳佛教的神秘面紗》，臺北：喇榮文化事業出版社，2009年6月。

＊達洛‧白果主編，《雪域奇葩──中國藏區唐卡藝術》，哈爾濱：黑龍江人民出版社，2011年1月。

＊達爾查‧瓊達，《藏傳佛教寧瑪派》，拉薩：西藏人民出版社，2007年5月。

＊劉必權，《世界列國志　不丹》，新北：川流出版社，2009年12月。

＊蓮花生大士著，永殿侶握、吉美切林譯，《蓮花生大士祈請文集》，臺北：全佛文化出版社，1995年9月。

＊蓮花持明，《蓮花生大士全傳》，臺北：全佛文化出版社，1995年9月。

＊釋了意、游玫琦主編，《靈鷲山誌宗統法脈卷》，新北：財團法人靈鷲山般若文教基金會附設出版社，2008年8月。

＊西尼崔臣，〈湯東傑布和他建造的鐵鎖橋〉，《西藏研究》第1期，1993年3月。

＊BBC電視網站（http://www.bbc.co.uk/news）

＊「不丹政府旅遊部Tourism Council of Bhutan（Official Website）」網站（http://www.tourism.gov.bt）

＊「不丹金剛座釋迦牟尼佛像建造項目」網站（http://www.buddhadordenma.org）

＊「不丹竹巴噶舉——臺中市觀世音菩薩佛學會」網站（http://tw.myblog.yahoo.com/kinlay2009）

＊「不丹國家圖書館National Liberary of Bhutan」網站（http://www.library.gov.bt/index.html）

＊「心道法師部落格」網站（http://hsintao.typepad.com/my_weblog）

＊「無死虹光——鄔金蓮花王」網站（http://tw.myblog.yahoo.com/rainbow.bemaking）

＊「密宗龍欽佛學會」網站（http://www.longchen.org.tw/fundraising.htm）

＊「寧瑪巴雪謙傳承全球資訊網」網站（http://www.shechen.org.tw/index.htm）

＊「臺灣佛教網路論壇」網站（http://tw-buddha.com/forum2/index.php?showtopic=7208）

＊「臺灣寧瑪洛札卡秋達瑪訶諦學佛會」網站（http://tw.myblog.yahoo.com/namkhainyingpo-rinpoche）

＊「靈鷲山全球資訊網」網站（http://www.093.org.tw）

適彼樂土──不丹‧朝聖

開 山 和 尚	釋心道
總 策 劃	釋了意
編 著	靈鷲山教育院
主 編	洪淑妍
責 編	吳若昕
封 面 設 計	宋明展
內 頁 編 排	李國銘
圖 片 提 供	靈鷲山教育院相關單位及志工、宋具芳

※感謝黃英傑教授對〈「西藏的終端」──快樂佛國不丹〉一篇提供審校協助※

發 行 人	歐陽慕親
出 版 發 行	財團法人靈鷲山般若文教基金會附設出版社
劃 撥 帳 戶	財團法人靈鷲山般若文教基金會附設出版社
劃 撥 帳 號	18887793
地 址	23444新北市永和區保生路2號21樓
電 話	（02）2232-1008
傳 真	（02）2232-1010
網 址	www.093books.com.tw
讀 者 信 箱	books@ljm.org.tw
總 經 銷	飛鴻國際行銷股份有限公司
電 話	（02）8218-6688
法 律 顧 問	永然聯合法律事務所
印 刷	大亞彩色印刷製版股份有限公司
初 版 一 刷	2013年12月
定 價	新臺幣 380 元
I S B N	978-986-6324-47-5

國家圖書館出版品預行編目(CIP)資料

適彼樂土：不丹.朝聖 ╱ 靈鷲山教育院編著.

— 初版. — 新北市：靈鷲山般若出版, 2013.12

面 ；公分

ISBN 978-986-6324-47-5(平裝)

1.朝聖 2.佛教修持 3.不丹

224.9　　102022635

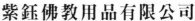